销售口才实战训练

曹海◎编著

中国纺织出版社

内 容 提 要

如何才能成为一名优秀的销售员？怎样才能拥有骄人的业绩？这是每一位销售新人都想知道的问题。对于销售员来说，“会说”比“会做”更加重要。

好业绩是“说”来的，本书将销售中需要用到的口才知识与技巧，用通俗易懂的语言，配以实战情景详细阐释，寓理于景，是销售员自我提升沟通能力的实用手册。

图书在版编目（CIP）数据

销售口才实战训练 / 曹海编著. --北京：中国纺织出版社，2015. 4（2023.5重印）
ISBN 978-7-5180-0954-1

Ⅰ.①销… Ⅱ.①曹… Ⅲ.①销售—口才学 Ⅳ.①F713.3②H019

中国版本图书馆CIP数据核字（2014）第215014号

策划编辑：郝珊珊　　特约编辑：魏丹丹　　责任印制：储志伟

中国纺织出版社出版发行
地址：北京市朝阳区百子湾东里A407号楼　邮政编码：100124
销售电话：010—87155894　传真：010—87155801
http：//www.c-textilep. com
E-mail：faxing@c-textilep. com
中国纺织出版社天猫旗舰店
官方微博http：//weibo.com/2119887771
永清县晔盛亚胶印有限公司印刷　各地新华书店经销
2016年10月第1版　2023年5月第4次印刷
开本：710×1000　1/16　印张：17
字数：217千字　定价：78.00元

凡购本书，如有缺页、倒页、脱页，由本社图书营销中心调换

前言
PREFACE

任何一名销售员，都希望在销售行业做出一番成绩，因为销售业绩如何，直接关系到销售员自身的生存状况、生活质量乃至职场命运。然而，要成为一个业绩突出的销售员并非易事，必须要有合理的渠道、过硬的专业知识，要有足够的人脉、适当的平台等，但更重要的是口才，因为“口到财来”。不知道你是否想成为这样的销售精英：

在预约客户、打通客户电话的那一刻，他就能设计出与众不同的开场白，让客户对产品产生兴趣，同时能消除客户无数隐藏的拒绝，把销售从虚拟的电话带到谈判中，可谓“一线万金”……

当他拿出产品为客户介绍时，他能巧妙开场，迅速吸引住客户的眼球，并给客户一个良好的印象。他的聪明之处更在于，他能摸透客户的真实想法，满足客户的需求，进而让客户心甘情愿地被他“牵着鼻子走”，产生强烈的购买意愿……

在客户左右迟疑、对产品产生异议时，他能站在客户的角度，为客户考虑，把话说进客户心坎里……

谈判桌上，他才思敏捷，能适时地抓住成交信息，他懂得讨价还价，但更懂得适当让步……

在销售产品的过程中，他为什么能顺风顺水？他的业绩为什么能一路畅行？出色的口才是他成功的原因！不得不说，销售员是靠嘴吃饭的，一个具有语言魅力的销售员对于客户的吸引力，简直是不可估量的。一名出色的销售员，也必定是一个深谙语言艺术的人，可以这样说，当你有了语言魅力，就有了成功的可能。

然而，我们也常常听到一些销售员感叹：为什么我还没开口，就被客户拒绝了？

为什么在一番努力后，却在价格问题上卡壳呢？为什么客户总是处处刁难、不满意产品呢？为什么和客户相谈甚欢，却就是不成交呢……

这主要是因为我们没理解口才的真正含义，销售口才并不等于耍嘴皮子，说话口若悬河、滔滔不绝并不是真正的口才，伶牙俐齿、处处占上风也不能说明你技巧高超，销售口才是非常讲究的，有时候，倾听更是一种技巧。因为，言语是一种严肃的东西，有口才的人绝不会滥用它，客户也需要被人倾听，也需要发表自己的意见。听与说本身就是一对孪生兄弟，不可偏颇一方。

销售口才是一门说话的艺术，也涉及很多方面的学问，一个出色的销售员还必定是一个优秀的外交家、交际红人、心理大师等，超级销售口才的练就并非一日之功。惹人喜爱的销售说话不是天生的，是从现实中锻炼出来的，是一分天才、九分努力的结果。因此，销售口才有其独特的修炼技巧。

很明显，要想拥有良好的销售口才，我们还必须掌握很多知识，在一段完整的销售活动中，包括如何电话销售、约见客户、开场交流、提问寒暄、产品介绍、挖掘需求、价格博弈、成交谈判等各个部分。正因为如此，作为销售员，要努力学习说话技巧，为自己成功销售充电。

本书正是从实际情况出发，针对销售工作中最常见的口才问题，结合实际案例，为刚刚进入销售行业和正在从事销售工作的朋友提供切实可行的指导方法，实用性强，随学随用。阅读本书，你可以更好地进行销售工作、提高销售业绩，继而在现有岗位或未来的岗位上做出一番成就。

编著者

2015年1月

目 录
CONTENTS

第3章 拜访有方，高效沟通获得客户的信赖

第4章 留心倾听，会听让你说得更加精明

第5章 灵巧提问，不经意间探出客户的真心

第6章 能说善聊，巧嘴一开就能“迷倒”客户

第7章 谨思慎言，不可触犯销售中的语言禁区

第8章 言语动人，舌绽莲花让客户“心随你动”

第9章 产品介绍，锦心妙口让客户爱上产品

第10章 打消顾虑，客户心结三言两语巧妙解开

第11章 化解拒绝，关键话语留住客户的脚步

第12章 因人而异，面对不同客户的沟通技巧

第13章 价格博弈，快速跨过讨价还价的障碍

第14章 实现成交，怎样巧妙促成最终的交易

第1章

会打电话，让客户愿意与你沟通

巧妙引导，让客户收回“没时间”的借口

随着通信技术的发展，销售的渠道相对增加了不少，其中就包括电话销售。然而，面对陌生人的销售，客户总是有这样那样的借口拒绝，我们经常听到客户说“忙”“没时间”，其实，客户并不一定是真的忙，聪明的销售员就会识破客户的借口，并采取一些措施，巧妙引导，从而让客户逐渐接受我们预约或销售的产品。

一、连环发问法，让客户不再说“不”

林阳在一家公关公司担任市场专员，主要负责市场的推广工作，工作中，客户经常以没时间拒绝和他交谈，这个难题，他一般在电话中就予以解决了。

一次，他的朋友告诉他某时装公司要办一场下一季的时装秀。林阳心想，这家公司是时装界的新秀，拿下这家公司的长期合作关系，会对公司效益有很大帮助，自己也多了一个稳定的客源，于是，他赶紧搜索了该公司的相关很多资料，然后设计了几种交谈方式，最终，他拨通了该公司负责人的电话。

林阳：“周总您好！”

客户：“你好！你是哪位？”

林阳：“我是某公关公司的市场专员林阳，您有听过我们公司吗？”

客户：“……好像听过，但也不是很清楚，你找我有什么事？”

林阳立刻道：“我听说贵公司马上要办一场下一季的时装秀，是吗？”

客户：“嗯，是有这方面的打算，你们消息还真是快啊。”

林阳：“周总还真是幽默。可能您知道，我们公司在公关界还是很有地位的，另外，我们有很优秀的策划团队，在活动的策划方面有着相当丰富的经验，能帮助贵公司做到最好的宣传效果，您看您这两天什么时候有时间，我们面谈一次好吗？”

客户：“真对不住，这些天太忙，没时间啊，秘书已经把我这些天的行程安排得满满的了！”

林阳："没关系，您日理万机，肯定很忙。公关活动最重要的是品牌效应，我们公司在公关界还是有一定声誉的，也成功策划过很多公关活动，贵公司规模这么大，肯定少不了公关活动。我们彼此认识一下，是没有坏处的，而且，您尽可放心，我不会打扰您太多的宝贵时间，借我十分钟就够了，您看，明后天，您哪天能抽出点空闲的时间呢？"

客户："呵呵！你还真会说话，那就后天吧。"

林阳："您过奖了，请问具体是什么时间呢？"

客户："上午九点吧。"

林阳："好的，那我们就后天上午9点见！祝您工作顺心，周总再见！"

客户："谢谢，再见！"

细心的林阳在挂掉电话后，为了让周总加深印象和敲定面谈的事，他给周总发了一条短信："周总您好！非常感谢您能在百忙之中接听我的电话，祝您工作顺利，心情愉快！顺便确认一下您的地址是：××大厦17楼1701室，见面的时间是：后天上午9点。××公关公司市场专员林阳敬上！"

这段销售情景中，市场专员林阳之所以能敲定和周总面谈的事，就是因为他善于运用连环发问的技巧，即使客户说没时间，他也能让客户收回这一借口，那么，我们不妨回味一下，林阳是怎样使用这一技巧的：首先，他设计了一个很好的开场，一句"周总您好"运用得恰到好处：首先，避免了客户的反感。然后，他又设计了一个与众不同的自我介绍：先介绍自己所在的公司，以公司为背景，无疑给自己的身份"镀了一层金"，客户自然也愿意与一个可信的销售员交谈。同时，这种介绍方式也是谦虚的表现，稍微细心的客户都会对他留下良好的印象。最后，他留的一条善后短信，也加深了客户的而印象。

二、时间确认法：妙用"五分"争取机会

"我现在很忙，请你改天打过来吧！"销售员小刘就这么被客户拒绝了，但小刘很聪明，"看您工作这么繁忙，打扰您还真是不好意思呢。这样吧！就5分钟，请您抽出5分钟听我说几句话，好不好？说完我立即就走。"听小刘这么一说，客户就答应了。

小刘的聪明之处就在于抓住了客户珍惜时间的心理，一般而言，客户说"很忙"

只不过是一种借口罢了，但同时，客户更希望自己的宝贵时间不被占用。真正忙碌的客户，如果你事先和他约好“5分钟”，他也可能愿意抽出这5分钟时间听你介绍。否则，“这个人不知道要跟我啰唆多久”的心理，将使得他犹豫不决。

三、设置选项法：让客户自己做选择题

很多销售员，在遇到客户说忙的情况下，就显得束手无策。对此，我们可以这样让客户自己选择，“明后天哪天有空”“具体时间是几点”，这是一种思维设置方法，这样，无论客户怎样选择，都是在接受面谈的前提下，而这对于销售员来说，只要客户开口回答，你就已经成功了，剩下的只是确认工作。

总之，销售员要明白，所谓的“忙”，只不过是客户的托辞，你要做的就是识破并让客户主动收回这一借口，然后进一步确认具体面谈的时间，让客户明白，你能给他带来好处，从而激发他的兴趣，这样，你的销售工作也就成功了一半了。

1. 预约客户，不但可以节省人力和劳力，还能有效避免吃闭门羹。
2. 电话内容应尽量简短，为客户节约时间。
3. 确认与你通话的客户是否拥有决策权，否则，你做的就是无用功。

打消顾虑，别让客户开口就说“太贵了”

营销过程中，电话为我们起了不少辅助作用，其中就包括预约客户。只有成功约到客户，才能开展销售活动，而我们发现，销售还未开始，客户就已经十分关心产品的价格问题，在客户提及此事时，无论我们如何应付，都不能让客户在电话里就说出“太贵了”这三个字，否则整个销售活动会因客户对价格的不满而导致失败。

一、掌握报价原则，留有一定的商讨空间

小李是一名诚实、厚道的电脑销售员，公司给他的底价是3200元，这天，他打听到某公司老总要为员工们更换一批新电脑，于是，他拨通了销售电话。

……

客户：“那么，你介绍的这款电脑怎么卖？”

小李：“您如果要，我给您便宜点，每套就3300元。”

客户：“台式电脑还这么贵？3000元行吗？”

小李：“不行，我看你好像是要买好几十台，已经是以最低价给你了。”

客户：“是啊，我一下子就要20台，你再便宜点。”

小李：“您要的再多也是这个价，真的不能再少了。”

客户：“也不让点价，你们要不要做生意啊？”

小李：“那就给你3200元。”

客户：“就3000元。”

……

这桩生意的结果可想而知。因为小李刚开始报价就不合理，一开始便将价格报得太低，那么，价格谈判的主动权就被客户占据了，销售是很难成功的。如果小李把价格定在3500元或是3800元，那么，他就会有许多谈判的空间。也许小李只是想以较低的价格快速交易，但却适得其反。

销售员在电话中报价的时候，要注意以下两个问题。

（1）报价的时候要给自己留一定的空间，别自断后路。

销售员在报价时，一定要灵活，根据客户具体的购买情况而定，如果客户购买数量较多，在允许的范围内，你可以适当地给客户一定的价格优惠。而对于那些对产品价格很在意的客户，你不妨先重点推荐一款有价格优势的产品，特别是正在做活动销售的产品，其价格比较有诱惑力，先满足客户的通常性需求，先让他对我们信任起来，

然后再挖掘客户进一步的需求。

（2）不要给客户过多空。

首先，在降价次数上，不要超过两次，不然，客户会以为你本来的报价都有问题，尤其是那些对产品本身价格不了解的客户，会以为自己被骗了，然后强行要求降价。你不妨告诉客户："我们注重的是产品的售后服务，这价格已经是最低的了。"客户自会理解。

其次，增加产品的附加值。销售员可以给客户送些小礼品，有些客户喜欢贪些小便宜，同时，这也能让客户感觉到这已经是底线了，你这是在帮他争取最后的利益，晓之以情，客户也就能体谅了。

二、转嫁"价格决定权"，学会用"公司规定"几个字

小吴从事的是保健器材的销售工作。这些天，他销售的是一种按摩仪刚好遇上了做活动，小吴想，这下应该可以多卖几台了。

他给一个潜在客户打了一个电话：

小吴："您经常使用电脑吗？"

客户："是的，工作无法离开电脑。"

小吴："您用完电脑以后一般有什么不舒服吗？"

客户："脊椎啊、腰啊，感觉很疼。没办法，职业病啊。"客户说话倒是很实在。

小吴："是啊，你这需要保健，不然落下病根就不好治了，我们公司的××按摩仪最近在做活动，搞特价呢，这是一个特别优惠的销售阶段，过了就很难有这样的机会了。您看是否有兴趣？"

客户："原来你是来搞销售的。"

小吴："其实，也是，但是……"

客户："你不用说了，我现在对那什么按摩仪没有兴趣，因为我买过，没用。"

小吴："不是，我的意思是，这次机会很难得，所以，我………"

客户："那你们的价格怎样？"

小吴："现在××款是1999，是我们降价幅度最大的。"

客户："能再便宜点吗……"

小吴：“我也希望能便宜点卖给您，这样，我的成交量肯定会大点，但没办法，这是公司规定，如果便宜了，低于底价，我就只能自己掏腰包了，可能就是赔本买卖了，您说是吗……”

客户：“也是，你们也不容易，那好吧，明天把产品资料带过来给我看看吧……”

类似的销售电话，相信很多销售员都打过，这里的小吴为什么能成功预约客户，因为在客户有价格异议时，他能巧妙地把价格责任推给公司，并说出自己的难处，此时，一般通情达理的客户也就不多为难了。

关于报价，是销售员不得不面对的问题。在很多行业中，价格是公司明确制定的，给予销售员的权限也是一定的。当销售员被问及价格的时候，销售员要学会把这个责任推到负责产品或解决方案的大客户或顾问销售的身上，要向客户申明“这是公司的规定”，这样才会尽可能地避免利润损失的风险。

三、让客户尝尝“有限”的甜头

与客户在沟通的过程中，为了避免让客户产生太贵了的想法，我们可以为其推荐一些做活动或减价的产品，但与此同时，又有一个新的问题，客户似乎总觉得价格低甚至免费的产品，在质量和功能上肯定会有缺陷，在了解客户的这一心理后，我们不妨把这种甜头实行一定的限制，一定要说明或塑造产品的价值，别让客户认为你的服务价值为零。比如，你可以向客户说明，虽然是大减价，但这是限量提供或限期使用的，或者要告诉客户有免费和收费两种版本，免费的是提供体验，通过体验让客户先了解到产品价值，然后在免费期即将到期，再根据客户的使用频率询问其是否为继续使用付费。

销售技巧点睛

1. 电话中，向客户报价，价格范围需要仔细考虑，一般要比公司规定的统一报价要低，比公司规定的底线要高。

2. 如果你知道竞争对手的价格，那报价时最好与其相当。这样客户觉得你们企业对其有诚意。

3. 保证利润，不可盲目低价倾销。

谨慎言辞，这些话别在电话里脱口而出

销售行业，就是靠嘴吃饭，有些销售员业绩平平，不是因为不努力，而是因为不会说话；而相反，有些销售员，轻而易举地完成销售工作，是因为会说话。同样，在电话预约客户的过程中也是如此，连接客户与销售员的只是一根电话线，如何让客户喜笑颜开，更考验了销售员的口才。但销售员在表现自己口才时，千万要记住，不能口无遮拦，要切记不该说坚决不说，因为一旦触及客户的禁区，就意味着你的预约乃至整个销售任务的失败。那么，哪些话客户能不能在电话里轻易说出口呢?

一、带有攻击意味的话

小陈是一家首饰包装盒生产商的销售员。

最近，他接了一笔生意，看时机成熟，他准备向客户提出成交要求。于是，他打电话询问。但没想到，客户经理此时却表示，商店里还有一批礼品盒没用完，把那批用完后一定来订货，答应最迟一个月就会订货。小陈此时被客户突如其来的变卦弄得很不快，但考虑之后，还是觉得要从长远考虑，因此，极力控制了自己情绪，并没有表现出来，而是欣然接受了。但一个月后，当小陈再次打电话过去询问签约事宜时，对方却表示，有意购买另一家更便宜的包装盒。客户出尔反尔，小陈心里很不痛快。但小陈心想，即使再有情绪，也不能生气，否则这笔生意就真的泡汤了。于是，他深呼吸了一口气后，与客户进行了新的一轮周旋。

电话里，小陈说：“哦，可以冒昧问一下是哪家公司那么荣幸能和贵公司合作吗？”

客户：“A公司。”

小陈：“不错，据我所知，A公司的礼品盒确实比较便宜。但是，刘经理你想过没有，像贵公司这么有品位的珠宝商，当然需要配档次相符的礼品盒，否则很难突出贵公司珠宝的优越品质，您说呢？”

客户：“当然……”

小陈：“我想如果为了价格便宜而影响贵公司珠宝在客户心中的完美品质，这是非常不值得的，您说是吗？”

客户：“也是，不过他们的礼品盒也不错……”

小陈：“对，他们的质量也不错，但是您要知道卖珠宝的B公司就是用的这家工厂的首饰盒，但是B公司的珠宝品质是无法与贵公司相提并论的，而我们公司的宗旨和贵公司一样，品质决定一切，所以，我建议您再考虑考虑。”

客户：“嗯，你说得也对。”

小陈：“那您看您还有什么疑问或顾虑吗？”

客户：“没有了。”

小陈：“那您看我们什么时候把合同签了吧？”

客户：“那就明天吧！”

案例中，小陈之所以能挽回销售局面，让客户重新决定购买自己的产品，就在于他能控制自己的情绪，客户先后以各种借口拒绝购买，他不但没有与客户争执，而是耐心、细心地劝说客户。

电话预约客户，全看销售员在电话中与客户沟通的效果。有些销售员因为工作、生活中的一些问题，在拨通电话的时候，带有情绪，或者生活中本身就语言犀利，于是，客户就被销售员当成了语言攻击的对象，其实，当销售员一旦说出此类语言时，整个预约乃至整个销售任务就宣告失败，因为客户是上帝，无论何时客户总是对的，尊重客户更是一些销售工作的前提。

二、伤害客户感情的话

杨凡是一名刚毕业的大学生，因为公司正缺人手，于是赶鸭子上架，他就被公司安排到汽车销售的一线，成为了一名汽车销售员。有一次，前辈介绍给他一个潜在客户，让他打电话预约一下，公司正有一批库存车急需处理。

当他还没开口问客户要不要买车，客户倒给他出了一个难题：“我这手上还有一辆旧车呢，真不知道怎么处理，要不，你帮我卖了吧？”

杨凡一下子不知道怎么接下面的话了。他想："一辆破车还能值几个钱，搞不好那辆车轮胎已经磨损得不像样了，发动机工作时的杂音也很大，车里的气味也许很难闻，哪儿能卖得出去啊，要不问一下这车是什么时候买的。"杨凡就是这么想的。可是他又一想，因为这是客户的车，客户可能很喜爱这辆汽车，毕竟开了这么多年，多少会有点感情。即便不喜欢这辆车，但也只有客户自己有资格来批评这辆车。如果我先开口说这辆汽车如何如何糟糕，这无疑是在侮辱汽车的主人，不知不觉中已经伤害了客户的自尊心。这样一来，还能向客户销售吗？

想想这些，杨凡对那位客户说："不管怎么样，这车都陪您那么多年了，您何必把自己的一个老朋友卖了呢，如果它的性能已经有些问题了，你可以再买一辆车，权当是它的接班人吧。"

客户一听，这小伙子说话太中听了，是个会从别人角度想的人，就主动要了杨凡的手机号。

很多时候，电话预约是销售活动的前期工作，在这个时期，只有与客户相处愉快，成功约到客户，才有可能完成销售任务，销售员杨凡的聪明之处，就是从客户的角度去想问题，然后把不该说的话咽了回去。要知道，如果他实话实说，那么必定会伤害客户的感情，销售活动也就难以进行下去。

三、粗鄙、污秽的话

精炼、专业是每个销售员最基本的语言要求，同时，还要求销售员说话时要注意场合，生活中，可以随意一些，但在与客户沟通尤其是电话预约客户的时候，一定要表现出自己的良好的素质，切不可"出口成脏"，或言辞中夹杂污言秽语，毕竟，语言代表的是一个人的素养和形象问题，而作为销售员，你的形象是和产品挂钩的。

总之，作为销售员，我们始终要谨记，客户是我们的上帝，客户永远是对的。我们随时都要保持良好的销售态度，面对销售中的种种状况，我们都要拿出耐心和诚意，心平气和地与客户沟通，才能让销售变得顺利。

1. 常说一些礼貌用语，要给你的准客户留下一个好的印象，可以在电话里使用一些礼貌用语，比如“请”“谢谢”“对不起”“您”等。

2. 假如客户所说的某些话是错误或不真实的，销售员绝不能直接反驳，那会让客户很没面子，甚至对你大动肝火。

3. 尊重客户的隐私：在打电话的过程中涉及客户隐私的话题是绝对不能提及的，这些涉及隐私的话题有收入、家庭、婚姻等。

换位思考，了解客户真正需要什么

“没有产品的差异化，只有宣传的差异化。”从销售的角度来说，这句话是非常正确的。产品的差异化是制造部门的责任，不是销售员可以控制和改变的。但宣传的差异化确掌控在销售员手中，是可以通过工作改变的。于是，很多销售员谨遵这一口号，在电话预约客户的时候，从不问客户需要什么，而是问自己能给客户带来什么，在打电话之前，从不有计划地收集客户的资料、了解客户的情况。他们总是匆匆忙忙地打电话，急急忙忙地介绍产品；遭到客户拒绝后，又匆匆忙忙拨通下一位客户的电话。他们整日忙忙碌碌，收获却不多。聪明的销售员知道与其匆匆忙忙地拨打10位客户的电话而一无所获，不如认认真真做好准备打动一位客户。

销售员要想把产品卖出去，首先就要与客户之间建立良好稳固的关系，要实现这一步，销售员就要做到最基本的一点：从客户的角度出发，要了解客户，知道客户真正需要什么。

一、考虑客户自身情况，向客户提出真诚的建议

琳琳是一名化妆品销售员，一次，公司推出一款新品。琳琳就想给自己的几个老客户都通知一下，看谁对这款产品有兴趣。她拨通了第一个客户的电话。

琳琳："张姐，您好，我是琳琳啊。"

客户："哦，是你啊。有事吗？"

琳琳："我们公司新推出一款产品，我觉得很适合您，就给您打个电话，您上次不是让我留意的吗？"

客户："哦，这样啊，我知道你说的这款，我不怎么喜欢，要不，你给我拿套那个××吧，那是大牌子。"

琳琳："我知道您说的这款，其实，姐，这套相对来说贵很多，您可能并不在乎钱，我给您卖贵的，我拿的提成当然也高，但贵的并不一定就适合您，说实话，那款产品，你用的话，因为肤质的关系，我怕您会过敏。我建议您还是不要买。"

客户："琳琳，你真是会为我考虑啊，我信得过你，今天下午到我家来一趟吧。"

琳琳可以说是一名称职的销售员，这样的销售员总是会站在客户的角度思考问题，自然会赢得客户的信任。在电话预约客户的时候，有些销售员以为只要约到客户然后卖出产品就大功告成，也不管产品适不适合客户，其实，这种想法是错误的，忽略客户的需求，即使约到了客户，客户也不一定购买；即使客户购买，当客户意识到你销售给他的是不适用的产品时，你也就断送了回头客。而相反的是，在第一时间也就是预约客户的时候就考虑客户的要求，会赢得客户的信任，你的工作就能够更顺利地进行，并且你做成的不只是一笔生意，还赢得了一名忠实的客户。

二、关心客户，让感动后的客户主动帮助你

安然是一家保险公司的销售员，她的销售业绩一直在公司排第一，这与她总是对客户嘘寒问暖有很大的关系。

一次，她的一名客户在自家门前的巷子里被人抢劫了，损失了几千块钱，还有手机、首饰。这位客户在安然手中买过一份人寿保险，但没有买财产保险。这次客户发生这样的事情，安然担心客户的财产受到很大的损失。因为她知道客户没有买财产保

险，这次遭抢一定让这位客户压力重重。

安然赶紧给客户打电话，电话接通后，她就直接问道："您人没事吧？"

接着又问第二个问题："您有什么重大损失吗？"

第三句话是："都怪我不好，当时没有坚持请您购买财产保险，以致今天我不能帮您减少损失，为您分担经济压力，我今天只能为您分担精神压力。"

第四句话是："面对您的遭遇和处境，我非常焦急，也非常心痛，我会尽我所能为您提供帮助。"

安然的几句话让客户很感动，在接下来的一段时间内，安然经常去客户家里陪他聊天，安慰他，并量身为其订做了一份财产保险。最后，在不到半年时间内，这位客户购买了这份财产保险。

案例中的安然是一名优秀的销售员，因为她总能从客户的角度出发考虑问题，体谅客户的心情。的确，客户购买产品，其实买的就是一个顺心，如果客户总能感觉到销售员对自己很理解，注重自己的心情和感受，那么客户就会被这种氛围所吸引，进而对产品投入更多的关注。

三、巧设台阶，给足客户面子

在美国零售业，有一家知名度很高的商店，它就是彭奈创设的"基督教商店"。彭奈的第一家零售店开设不久，一个中年男子到店里买搅蛋器。

店员问："先生，您是想要好一点的，还是要次一点的？"那位男子听了显然有些不高兴："当然是要好的，不好的东西谁要？"

店员就把最好的一种搅蛋器拿了出来给他看。男子看了问："多少钱？"

"120美元。"

"什么？这么贵！我听说，最好的才六十几美元。"

"六十多美元的我们也有，但那不是最好的。"

"可是，也不至于差这么多钱啊！"

"差得并不多，还有十几美元一个的呢。"

男子听了店员的话，面色更难看了，想立即掉头离去。彭奈急忙走了过去，对男子说："先生，您想买搅蛋器是不是，我来介绍一种好产品给您。您看一看，式样还不错吧？”

“多少钱？”

“54美元。”

“照你店员刚才的说法，这个不是次等的吗，我不要。”

“我的这位店员刚才没有说清楚，搅蛋器有好几种牌子，每种牌子都有不同档次的产品，我现在拿出的这一种，质量不错，性价比高，而且体积小，最适合家庭使用。家里有几口人？”

“五口。”

“那再适合不过了，我看您就买这个回去用吧，保证不会让您失望。”

彭奈送走客户，回来对他的店员说：“你知不知道你今天的错误在什么地方？”那位店员愣愣地站在那里，显然还没有意识到自己的错误。“你错在太强调‘最好’这个观念，客户需要的不一定是最好的，他需要的是一个适合他的产品，然而你一开始就把他推到了一个不得不买最好的位置上，让他感觉骑虎难下。假如你想做成一笔生意，就一定先要了解客户的需求。”

的确，有时候，客户的购买能力是有限的，希望销售员可以给自己找一个台阶，从而可以在自己能够接受的范围内选择较好的产品，但有时候由于销售员的话语往往让客户骑虎难下，最终有可能使客户放弃购买。故事中的店员就犯了这样一个错。

可见，每个人在与人沟通的时候，都会有自己的立场，如果与对方的立场相悖，就会形成沟通的对抗。聪明的销售员应该学会和客户站到同一个立场上去，并从客户的角度出发去思考问题。

销售技巧点睛

1. 销售员在拨通电话前应做多准备工作，了解客户及其身边人的真正需求。

2. 抓住客户的切身利益展开说服工作，更容易与客户站在同一个角度。

3. 当客户遇到难题时，一位好的销售员可以为客户提供解决办法，为其减少麻烦。

留心倾听，电话里听出客户额外的需求

对于任何一个销售员而言，销售的最终目的是为了将产品销售出去，从而获得利益。然而，销售员千万不能为了销售而销售。有时候，我们小小的付出，就能拉近和客户的关系，让客户成为自己人。在电话预约客户的过程中，也是这样，我们要善于听出客户额外的需求，给客户小小的满足。给客户留下了好印象，客户自然愿意约见你。

一、雪中送炭，解客户燃眉之急

严明是一家高尔夫俱乐部的经理，一次，他准备向一个客户销售俱乐部的会员卡，于是，他拨通了客户的电话。

严明："您好！是陈先生吗？"

客户："是我，你是谁？干吗的？"从客户的声音中，严明明显感到客户正生着气，可能是有什么急事没办成。

于是，严明语气温柔并加快语速问道："您先不管我是谁，我先想问下您现在是不是有什么困难需要帮助呢？"

客户："是啊，不然我能这么急，我买不到机票！你能帮我吗？如果今晚赶不到上海我就损失惨重了，明天早上八点有个很重要的会议。"电话这边的严明真是快被客户的声音震聋了。

严明立即斩钉截铁地说道："您先别着急，我想这个问题不难。"

客户："真的？你怎么帮我呢？"客户很惊奇。

严明："我有个很好的朋友在航空公司，我打个电话就行了。请先把您要定的航班号以及您的名字和身份证号码报给我。"客户一听严明这么专业，内心顿时燃起了一线希望："好！我的名字是……"

不到一刻钟的时间，严明成功为客户订到了去上海的机票，帮助客户挽回了一个大损失。客户回来后立即请严明吃饭，他得知严明当时打电话的目的，而客户正好是一位高尔夫爱好者，结果顺利成交。

从这一销售案例中，我们可以看出，身为销售员，我们除了本职的销售工作外，更应该急客户之所需，在客户遇到难题时出手帮一把，相信这样更能拉近与客户之间的距离。当然，这需要我们在预约客户的时候听出客户的额外的需求！

二、主动付出，帮客户实现某些愿望

刘颖是刚毕业的大学生，在一家贸易运输代理公司销售部实习。这天，她在网上找到了一家外贸公司。于是，她拨通了电话。

刘颖："您好！请问是大连外贸公司吗？"

电话那头传来一个中年女性的声音："是的，你是哪里？"

刘颖："哦，我是上海的一家国际货运代理公司的销售员，主营欧洲航线，想和贵公司建立长期的合作关系。"

女客户："哦？你是上海的？呵呵！我们一家人上个礼拜刚去上海玩过呢。"

刘颖很开心地说道："是吗！对上海印象如何啊？"

女客户："嗯！还不错，果然是国际性的大都市，我们还准备去伊势丹买衣服，但那天没时间了，我女儿今年20岁了，她特别喜欢伊势丹的衣服，我还准备等她生日的时候，在上海的伊势丹给她买一件呢！"

刘颖："噢！是啊！我们这些女孩子都喜欢那儿的衣服，您女儿身材肯定很好吧？"

女客户："是挺好的，不矮呢，有一米七，很纤瘦。"

刘颖："不过，上海除了伊势丹好以外，我们公司的航线也不错呢！"

女客户："航线啊，可惜我们有长期合作伙伴了，等以后要更换时再通知你吧。"

刘颖："真遗憾，那就只好再联系了。"

挂上电话后，刘颖立刻请假，跑到伊势丹专卖店买了件裙子，通过快递寄了出去，里面夹了一张对公司的介绍和自己的名片。一个星期后，公司收到了来自大连外贸的一份航线询价传真……

案例中，我们发现，销售员刘颖成功地预约到了客户，并不是运用了什么技巧，而是她注意到了客户一个很特别的愿望——她希望可以给女儿买件伊势丹的衣服，而聪明的刘颖就顺势问清楚了客户女儿的身材，挂断电话以后，她就去买了衣服，满足了客户的需求。可能对于刘颖来说，买一件衣服不算什么，可是这件事却做到了客户的心坎上，自然，客户愿意和这样善解人意的销售员合作。

三、倾听先行，别好心办了坏事

曾经有这样一个电影情节：某天早上，一位富商开着自己的豪华轿车来到山顶上锻炼身体，随后，为了方便，他将车子停到了路边，而这条路的旁边，就是万丈悬崖。接下来，他开始做晨练，他将一条腿放在车子上压腿，此时，一个黑人路过，也摆出了同样的姿势，不过他是用力把车推下山涧。影片结束语：意外的力量使我们的距离更远。

这个故事中，这位路过的黑人可以说是好心办了坏事，他以为富商是要将车推下悬崖，于是，便出手帮助，才出现了上述滑稽的一幕。

其实，在销售活动中，很多时候，我们都是在扮演这位好心的路人的角色，面对客户，我们认为自己很努力就会有好的结果，却不知道不正确的方法用得越多，只会让客户和我们的距离越远。一个专业的业务员要能敏锐洞察客户在被何种心理所驱动，并善加利用。

总之，在销售过程中，作为销售员，一定要记住一个道理，只有付出才有回报。可能有些销售员会以为，销售的根本目的就是达成交易，没有结果的付出是愚蠢的，其实不然，很多结果孕育在付出中。尤其在电话预约客户的过程中，要学会从细小的希望中看见结果，并不断地付出，善于听出客户额外的需求并解决，你就可能打动客户，从而能成功预约。

销售技巧点睛

1. 懂得倾听，把握客户的心理更容易成功。

2. 客户额外的需求是来自多方面的，比如客户的家人、朋友的需求，生活上的需求等。

3. 销售的工作不仅限于把产品卖出去，而是先做人后做生意，与客户打好关系，生意自然不请自来。

第2章

话要巧说，利用各种资源挖掘客户群

慧心魅语，让亲朋好友乐意成为你的客户

可能很多销售员都曾发出这样的感叹："客源在哪里，去哪里寻找潜在客户呢？"我们都深知潜在客户对销售工作的重要性。如果没有客源，你向谁去销售产品呢？也就是说，没有丰富和高质量的潜在客户，成功也就无从谈起。而实际上，我们可能忽略了身边最有力的人脉资源——亲朋好友。香港企业界流传一句销售格言："亲戚朋友是生意的扶手棍。"利用私人关系，是销售员开发新客户的基本方法。但如何让这些亲朋好友成为我们的客户，这考验到我们的口才。一个会说话的销售员，往往能在三言两语间说服亲朋好友，让他们成为其销售工作的支持者。

一、从亲戚开始挖掘你的客户源，起步更轻松

小林是一名重型机械销售新人。刚开始工作的几天，小林为了寻找到客户资源伤透了脑筋。这天下班后，他回到家，满脸倦容地对母亲说："我想放弃这份工作了。"

"为什么？出什么事了？怎么上班还没几天就说不干了呢？这可不是你的作风！"母亲提出一连串的质疑。

"做销售最重要的就是有客源，可是我一个新手，去哪里找客源啊？本以为那些老前辈们会透露一点，但他们一个字都不愿意跟我说。"

"那你就从别的方面下手啊。对了，你销售的是什么产品？"

"重型机械，比如挖掘机。这产品不是一个钱两个钱，谁买的时候，都会再三考虑，所以，销售起来也就很困难。"

"我倒想起来有个人可以帮你。"母亲提示道。

"谁呀？"

"你舅舅呀，你忘了他是工程的承包商，肯定认识需要这类机械的人吧。"

"对呀，我怎么没想起来？"

母子二人商量后，就给小林的舅舅打了个电话，并将自己工作中的难处说了出

来。巧的是，他舅舅最近正需要几辆挖掘机。后来，小林舅舅还利用自己的人脉关系，为小林介绍了该行业的很多人，很快，小林的业务就火了起来。

案例中，机械销售员小林在从事销售行业之初，因为找不到客户资源而苦恼，但经过母亲的提醒，他很快找到了可以解决问题的方法——从自己的舅舅开始，逐步开发客户资源。这一方法很奏效，小林的业务自此有了新突破。的确，那些聪明的销售员都会走出公司，并从身边的亲戚开始做起生意，因为一般情况下，亲戚始终是支持我们的，所以，我们起步也就会更轻松。

二、大胆开口，不要羞于向你的朋友求助

王兴和苏龙是很好的朋友兼同事，二人以前在一家工厂工作。只是后来，苏龙辞职了，干起了保险销售。不过，新工作开始的时候，总是遇到难处，他最近就为客源的事情犯愁，左思右想后，他想到了自己昔日的好友王兴。

“你怎么突然辞职了，不见你人。这几天你跑哪儿去了吗？”见面后，王兴问。

苏龙不说话，从包里往外掏资料的手有些抖。待把资料展开了，才说：“王兴，我要告诉你一件重要的事情，你看……”

王兴一手拿了资料，说：“什么重要事情？”

苏龙说：“你先听听我说，从现在起，你每月只要为你儿子存上30元，一年也就是360元，你的儿子就将会得到一生保障，比如，他15岁的时候，即可得到一份升入中学的奖学金；从18岁开始，一共四年，每年还可得到一份大学奖学金……到22岁的时候，他还可以得到一笔婚嫁金，60岁的时候，还有养老金，怎么样？”

“不错，不错。可是，我不明白，你这要是……”

苏龙说：“哦，我忘了跟你说，我现在是××保险的销售员。刚才跟你说的就是我们公司的保险产品，怎么样？给儿子办一份吧？”说着，苏龙拿出了投保书。

王兴说：“噢，原来是保险，都是骗人的。我不信这玩意。”

听了王兴的话，苏龙有点急，说：“这怎么是骗人的呢？保险业务做得这么广，足以见其真实性。而且，我们是正儿八经的金融机构，国家金融机构能骗人吗？”

“这倒是，××保险的名声还是很响的，对了，苏龙，你不会让我们跟着你上当吧？”王兴还是将信将疑。

“看你这话说的，你把我看成什么人了？因为这的确是一件好事情，所以我第一个想要告诉的人就是你。相信我没错的。来吧，把你的身份证拿来。”苏龙说着把投保书展开到桌面上。

“那好吧。”

案例中，保险销售员苏龙在从事销售行业之初，因为找不到客户资源而苦恼，但聪明的他很快发现了解决问题的方法——从自己的好朋友开始。而且，更难能可贵的是，他向自己的朋友销售少儿保险，刚开始并没有说明自己的目的，而是先向对方道明“你只需每年为儿子存上360元，就可以……”等得到对方的认同后，他再提出自己所从事的是“保险”销售，并告诉对方：这的确是一件好事情，所以我第一个想要告诉的人就是你。这样说，会让对方以为销售员是在为其考虑，自然会选择购买。

三、同学关系可能是你最庞大的客户群

才短短的三年工夫，李锐现在已经由一名普通的会展公司的业务员变成业务经理。当下属们问到他的工作经验的时候，他说：“你们还记得吗？当初你们总是问我为什么工资总是不够花，那是因为：不是今天这个同学结婚送礼，就是明天那个同学家里需要钱。但正是这些付出，我才有今天的成就……我常常和那些销售新手说，与其在外面辛苦地寻找客户，还不如从身边的人开始挖掘，我们可能没有几个朋友，但同学关系是我们都不缺少的，只要我们经常和这些同学联系，同学有事要主动帮忙，多关心同学，那么，他们一定很乐意为我们的业务提供帮助。”

李锐的一番话是有道理的。我们或许性格内向，没有几个朋友。但从入学开始，我们的同学总是在不断增多。而你发现没，随着时间的推移，很多同学被我们遗忘。你现在正联系的同学还有多少呢？而如果我们能多利用起这些同学关系，我们的准客户数量也一定随之递增。但这并不意味着我们向同学销售就一定会成功，还需要我们发挥自己的口才，学会巧说话，将话说到对方的心坎里。

总之，从亲朋好友和同学开始挖掘客户资源，也需要我们懂得巧说话的技巧，把话说到他们的心坎上，这样才能顺利达成目的。

1. 挖掘亲朋好友这一客户群体，不但考验我们的口才，还需要我们在日常生活中多加维护。

2. 考虑客户的利益，在推介产品时候站在客户的角度说话。

3. 说服亲朋好友和同学们帮你寻找新的客源，业务会越做越广。

巧妙套话，挖掘需求点使其成为潜在客户

在销售过程中，了解并掌握客户的需求非常重要，这是将其变成潜在客户的关键步骤之一。但实际销售中，我们在挖掘潜在客户的时候，对方总是以“我不需要”来拒绝我们，此时，很多销售员不得不放弃。但一个精明的销售员，却能在这种看似没有需求的情况下，实施套话技术，运用技巧从话语中套出客户的需求，让其成为潜在客户，为下次购买带来契机。

一、从客户感兴趣的话题入手，引导客户

库尔曼是美国一名金牌销售员。他有着自己的销售风格。他凭借自己的勤勉和出众的口才，把寿险销售给一个又一个客户。

一次，在向一位工厂老板销售寿险并遭到拒绝后，他问对方：“您做这一行多长时间了？”

“哦，22年了。”

库尔曼问："您是怎么开始干这一行的？"这句话在客户身上发挥了效用。他开始滔滔不绝，从自己的早年的不幸谈到自己的创业经历，一口气谈了一个多小时。最后，这位客户热情地邀请库尔曼参观自己的工厂。那一次见面，库尔曼没有卖出保险，但却和这位工厂老板成了朋友。接下来的三年里，他从库尔曼那里买走了4份保险。

一般而言，人们对陌生的销售员总是心存戒备，往往以没有时间、不需要等原因将其打发走。其实，这是因为销售员没有选择正确的谈话方式。人们都有感兴趣的话题，客户也是。销售员如果能在销售中先暂时搁置一些销售问题，而从客户的兴趣谈话，势必能激发客户继续谈话的欲望。

二、不断追问，发现客户最强烈的需要

库尔曼曾经有过一个客户叫斯科特，这位斯科特先生是一家食品店的老板。库尔曼曾向这位已经年迈、看上去并不需要购买保险的老头子销售出去了他所在保险公司有史以来最大一笔寿险：6672美元。

当库尔曼见到斯科特先生后，他开门见山地问："斯科特先生，您是否可以给我一点时间，让我为您讲一讲人寿保险？"

斯科特："对不起，库尔曼先生，您也看到了，我现在很忙，而且，我并不需要保险，我已经63岁，早几年我就不再买保险了。我的孩子们都已经长大成人了，他们都已经能好好照顾自己。现在，家里只有妻子和一个女儿和我一起住，即便我有什么不测，她们也有钱过舒适的生活。"

这段话，听上去非常合情合理，让库尔曼丝毫没有反驳的余地，但这并没有打消库尔曼的积极性。他继续问斯科特先生：

"斯科特先生，您在事业上这么成功，家庭也经营得井井有条的，我想您肯定还有其他的兴趣，比如对医院、宗教、慈善事业的资助。您是否想过，您百年之后，他们怎么办？还能正常运转吗？"

斯科特先生沉默了会儿，这让库尔曼意识到自己问到了点子上，于是，他趁热打铁："斯科特先生，我们的寿险中有针对这一点的险种，能消除您的顾虑，不论你是否健在，您所资助的事业都会维持下去。7年之后，假如您还在世的话，您每月将收到5000美元的支票，直到您去世。如果您用不着，您可以用来完成您的慈善事业。"

听了这番话，斯科特的目光凝结了，他长叹一口气，说："不错，几年前我资助了3名尼加拉瓜传教士，这件事对我很重要。你刚才说如果我买了保险，那3名传教士在我死后仍能得到资助，那我总共要花多少钱？"

库尔曼答："6672美元。"

最终，斯科特先生答应购买。

一般情况下，人们买保险是为了让自己和家人的生活有保障，而库尔曼通过不断追问，终于套出了连斯科特自己也没意识到的另一种强烈需要——慈善事业。当库尔曼帮助斯科特找到这一深藏未露的需求后，购买寿险来满足这一需求，对斯科特而言就成了主动而非被动的事。

销售成功的秘诀还在于找到人们心底最强烈的需要。那么，怎样才能找到客户内心深藏不露的强烈需要呢？库尔曼有一个办法就是不断提问，"你问得越多，客户答得越多；答得越多，暴露的情况就越多，这样，你就可以一步一步化被动为主动，成功地发现对方的需要，并满足它。"

三、积极暗示，让客户潜移默化地接受你的推荐

琳达是一名基金产品销售员，这天，在商场闲逛的她看到了一名孕妇，她突然意识到，是不是可以向这位女士销售自己的教育基金呢？

于是，在搭讪后，她先与这位女士谈论了一些孕育孩子的问题。在发现对方已经不排斥自己时，琳达开始发问："为人父母，都要尽可能地让儿女受到最良好的教育，怎么样？您考虑过筹集费用的问题吗？"

听到琳达这么说，这位女士沉默一下，才做出回应："是啊，我怎么没想到呢？现在的孩子都不能输在起跑线上，我该考虑给他买个教育基金的，你有这方面的熟人吗？"

不难想象，琳达就这样销售成功了。

这里，我们需要注意的，当我们做出一些暗示后，要给客户一些充分的时间，以便让这些暗示逐渐渗透到客户的思想，进入客户的潜意识里。

可见，只要我们学会套话，逐渐挖掘出对方潜在的某些需求，那么，令陌生人成为潜在客户，也并非难事。

1. 对于客户的潜在需求，我们可以在与之对话中捕捉信息，然后积极、大胆猜测。

2. 询问是求证客户潜在需求的一个良好方法。

3. 套话，需要我们在与客户谈话的过程中做到思维敏捷、巧言相对。

口碑策略，蜜语甜言让老客户为你介绍新客户

现实销售中，我们总是羡慕那些从事多年的销售前辈，他们在销售产品的过程中得心应手，有丰富的经验是一方面，另外一方面的原因就是他给自己编织了广大的客户关系网，那些忠实的客户会介绍和销售一些潜在的客户给他们。他们的销售工作也就越来越顺，业绩也就相应地越来越好。而我们想过没，这些前辈也是由销售新手逐步走过来的，这些资源都是他们从一个个客户慢慢培养出来的。

的确，客户是最好的证人。为此，如果我们想扩大客源，就不妨与老客户建立良好的关系，让其设身处地地为我们做一些事情，帮助我们树立良好口碑。

一、妙用250法则，礼貌对待任何一个客户

关于吉拉德的“250法则”，有这样一个来源：

那时，乔·吉拉德进入销售行业不久。有一天，他去参加一个朋友母亲的葬礼。这是一个天主教葬礼。

葬礼进行一段时间后，葬仪社的职员向现场的参加者分发印有死者名字和照片的卡片，乔·吉拉德早知道这种情况，但却从未特别思考其意义。这天，吉拉德突然有种很强烈的好奇心，于是，他便询问葬仪社的职员："怎样决定印刷多少张这种卡片呢？"

那位职员回答说："这得靠经验。刚开始，必须将参加葬礼者的签名簿打开数一数才能决定，不多久，即可了解参加者的平均数约为250人。"

后来，一位服务于新教徒葬仪社的员工向乔·吉拉德买车，待一切手续完成后，吉拉德问那位员工每次参加葬礼的人平均为多少人，他回答说："大概250人。"

又有一次，乔·吉拉德与妻子应邀参加一个结婚典礼，遇见了那个婚礼会场的经营者，乔·吉拉德问他一般被邀参加结婚仪式的客户人数，他如此回答："新娘这边约250人，新郎那边估计也是250人，这是个平均值。"

通过这几件事，吉拉德感觉到自己好像发现了什么，但是他并不确定自己的发现是否准确。于是，在一些其他的生活领域，他专门做过调查，直到最后他终于确定"250"这个数字的重复出现并不是一个巧合，它是一个人在他的生活、交往领域中与之关系比较亲近的人的总数。

这一发现让吉拉德认识到了一个人的人脉之广，也让他认识到了需要礼貌对待任何一个客户的重要性，因为他知道得罪一个客户的代价太大了。吉拉德认为，每位客户的背后，都与大约250个人有着联系，这些人一般是客户的朋友、亲人、同学、同事等，如果一个销售员得罪了一个人，那么，便有250个人不愿与之打交道。乔·吉拉德把这种现象称作"250法则"，由此并得出结论：在任何情况下，都不要得罪哪怕一个客户。

从此，乔·吉拉德每天都将"250法则"牢记在心，抱定客户至上的态度，时刻控制着自己的情绪，不因客户的刁难，或是不喜欢对方，或是自己心绪不佳等原因而怠慢客户。因为他始终觉得，你只要赶走一个客户，就等于赶走了潜在的250个客户。当他与客户接触时，不管自己内心产生何种想法，都不会把情绪表露出来，他所关心的只是生意。

二、长期服务，不要忘记回馈老客户

曾经有记者问乔·吉拉德："我知道你从事这个汽车销售的最好的成绩是一天卖出18辆车，这个纪录到目前都还没有被打破过。那么，在你从事汽车销售的职业生涯中，有没有什么原则是你一定要遵守的？"

而乔·吉拉德的回答是："当我乔·吉拉德卖给你一辆车以后，我要做三件事：服务、服务、还是服务。有人问我：'乔，我一个月只卖掉4辆车，都有点照顾不过来了，你怎么做到的？你的业绩可是平均一天卖6辆，你怎么权衡？你怎么为这么多客户提供服务？'一个月卖掉四五十辆车对我来说太容易了，我与一家很有情调的意大利餐厅签有合约。在每月的第3个星期三，我会邀请客服部的36位同事——他们是维修汽车的技工——来与我一同进餐。我给予他们关爱，重要的是他们也表现出对我的爱。所以当客户来的时候，我的助手去客服部能请出4位技工，二话不说打开工具箱马上开始修理客户的爱车。在那之后，你会去找谁买车，乔·吉拉德。因为我给你们关爱，卖车时我会给你承诺，因为我卖给你车后会告诉你，我绝不会对这辆车置之不理。你叫艾迪，对吗？艾迪，我决不会抛弃这辆车，我会一直关注这辆车。无论你何时何地需要我，我都会给你的车提供超乎想象的服务。投之以桃，报之以李。通过口碑相传，乔·吉拉德的服务尽人皆知。全美国的人蜂拥而至，来我这里买车。"

估计任何一个销售员都羡慕乔·吉拉德的销售业绩，那么，我们也应该和他一样重视对客户的售后服务。当我们把产品卖出去以后，并不是就万事大吉了，相反，这正是下一次销售的开始。客户购买完产品，无论是对产品质量、使用方法等存在疑问，还是维修工作，我们都应做到不遗余力地为客户解决，只有让客户满意，才可能打开新的销售大门。乔·吉拉德所谓的口碑营销，也就是这个道理：如果你的产品和服务都非常优秀，价格也合理，有时不用你要求，客户也会介绍他身边的人找到你。

三、真正关心客户的利益，让客户体谅你的用心

我们想让老客户满意，进而让其为我们树立良好口碑，就不要为了销售而销售，而要真正关心客户的利益，并从这一点出发，充分挖掘客户的购买需求甚至是隐藏的需求，并努力降低客户需求中的成本耗费，从而最终使产品符合并超出客户期望。

为此，我们就必须从客户的角度来销售，并要注意一些细节，要尽量在每一个细节上做到让客户满意，如果营销人员的服务超出了客户的预期，就会打动客户的心，使客户的满意度提升为对产品和服务的忠诚度。比如，我们可以这样告诉客户："我觉得这款贵的××反倒不适合您，您没必要花那么多钱买它。"而当客户体谅到你的用心后，也会更加信任你，并把周围的朋友介绍给你。

1. 经常打电话或者上门询问客户产品的使用情况，如果出现问题要及时帮助客户解决。

2. 要敢于开口，不要羞于让老客户帮你介绍新客户。

3. 对于给你提供推荐作用的客户，你一定不要忘记他们应该的回报，哪怕是一个电话也好，要让他们知道你心里在感激着他们。

登门拜访，不吃闭门羹直接开拓客户

可能很多销售员认为，在各种寻找客户资源的方法中，直接入户拜访是最容易被客户拒绝的方法，因为人们对于陌生销售员的拜访，往往都因心存戒备而不假思索地拒绝。但实际上，直接拜访客户能帮助你迅速地掌握客户的状况，效率极高，同时也能磨炼销售员的销售技巧及培养选择潜在客户的能力。因此，在办公设备、保险业、图书销售等行业，登门拜访这一方法被广泛使用。

但我们同时需要注意的是，入户拜访，如果你没有一定的口才，那么，就会显得过于直接和突兀，也会加重客户的这种防备心理。而如果我们能在拜访时把话说得自然、得体，则能有效拉近与客户间的距离。

一、独具匠心的开场，吸引客户的注意力

某地毯销售员对客户说：“你知道吗？您每天只花一毛六分钱就可以使您的卧室

铺上地毯。”客户对此感到惊奇：“什么意思？”

销售员慢慢讲道：“您的卧室是12平方米，而我们公司的地毯每平方米为24.8元，这样需297.6元。我公司的地毯可铺5年，每年365天，这样平均每天的花费只有0.16元。”

好奇是人类行为的基本动机之一。人们对于那些自己不知道、不了解或者觉得特别的东西，都会充满好奇心，并有继续了解的欲望。

案例中的销售员很善于制造神秘气氛，以引起对方的好奇。在挑起了客户想知道的欲望后，再将产品推荐给客户，这比开门见山的介绍效果要好得多。

二、注意说话的态度和方式，给客户留下一个好印象

高文是一名销售经验丰富的销售主管。他传授给手下的销售员们很多销售经验。

一个星期一的早晨，高文刚上班，正在开例行会议，安排本周的工作计划和布置重点工作。但此时，突然有人敲门，原来是一家文具用品公司的人上门销售。

“打扰一下，我是××文化用品公司的……”没等对方说完，正在开会的一些下属们就不耐烦地说：“你没看见我们正在开会吗？”

对方一看这些开会的人都没有笑脸便悻悻地走了。

高文对这些开会的下属说：“被他这么一打扰，我都不记得我说到哪里了。”心里对这位不速之客更反感了。

接下去，他说：“昨天，我们刚讲到拜访客户的一些相关事宜，你看，这位小伙子就给大家做了一个反面教材，我们在拜访客户的时候……”

案例中，我们发现，这位不速之客之所以会让这些开会的客户心生反感，主要是因为：首先，他选错了拜访的时机，在对方忙碌时拜访，无异于撞在了枪口上；其次，他在推门进去之后，就开始自报家门，开始销售，没有寒暄，没有铺垫，太过直接，对方自然无法接受；最后，在被拒之后，他的态度是悻悻离去，没有一个专业的销售员应有的良好的心理素质。

可见，入户拜访，销售员一定要注意自己的说话态度和表达方式，真正打动人的是自然、贴切并带有情感的话。成功的销售员都能做到这一点，因此，他们即使拜访陌生客户，也会显得顺理成章。

三、要谈论客户感兴趣的话题，来突破双方的不协调

某天，某健康推广员来到某小区，根据资料，他准备敲开一位客户的门，开门的是个阿姨。开门时，阿姨手上还在摘菜，这位销售员就顺口问："阿姨，今儿这芹菜是什么价儿啊？"

"都××元一斤了，又涨价了，一到冬天就这样，你说我这点退休工资，都不够养活我自己了。"

"是啊，我们这些年轻人不爱自己做饭，所以这菜价儿还真不知道，不过自己做饭，比在外面吃健康多了。"

"这倒不假，我也经常跟我儿子媳妇说回家来吃饭，他们不愿意回来，说是耽误时间，但外面吃哪里有家里干净啊……"

"阿姨，这墙上那照片是您儿子吧，看上去真英俊，一定是个知识分子，相信阿姨一定是个教子有方的好妈妈。"

"我儿子在××大学当教授，他从小就爱学习，到现在也还是不忘读书，平时都在学校，只有周末才回来……"

就这样，这位销售员和客户关于教育孩子的一些问题谈了很长时间。过了会，销售员说："阿姨，您看，和你聊这么久，我居然忘了今天来这儿的目的了，不知道您还记不记得，上周六在中山公园，您填了一张健康卡？"

"对呀。"

"您真是很幸运，几百人中抽中了您，所以您将免费获得一张价值100元的健康检测卡，您好像在卡片上填了您有高血压，我们的仪器也主要是检测心脑血管情况的。常检查，做好预防，不但可以省去很多的治疗费用，更可以给您的儿子省去很多麻烦。您要是有时间的话，这几天就去我们公司看看，检测一下您的身体状况，您看怎么样？"

"嗯，你说得对，我一定要注意健康啊，不然我儿子在外面工作也不省心啊，我这周末就去。"

案例中，我们发现，这位销售员很懂得见机行事，当他敲开门后，发现开门的是一位摘菜的阿姨时，他就从菜价入手，与客户进行适当寒暄，并随机把话题转到客户

最关心的问题——教育子女上。当与客户建立一定的感情之后，再谈及销售，客户接受起来也就容易得多。

实践证明，如果销售员能在谈话中激发潜在客户谈话的欲望，那么，对客户开发工作是极为有利的。为此，销售员在谈话过程中要尽量以客户为中心，摆事实讲道理。同时还要善于不断找到新话题，形成一个完整的拜访过程。

可见，作为一名销售员，在寻找客源的过程中，不仅需要胆量，敢于直接登门拜访，更要掌握与客户沟通的技巧。诚然，我们不可能与拜访的每一位客户达成交易，但应当努力去拜访更多的客户来提高成交的百分比。而要达到这一目的，以上任何一个细节性的话语都必不可少，将这些话说得得体、到位，才会给客户留下良好的印象，从而有助于我们的销售工作！

1. 拜访客户前要设定拜访目标，对客户进行分析，不做无用功。

2. 准备充分，事先准备好一套让客户接受的说辞。

3. 我们在与客户沟通前，就必须要调整自己的心态，不能给自己施加太大的压力。在沟通中要做到坦诚、自然、微笑、不卑不亢。

积极走动，各种聚会、活动上发掘到客户

在现代商业社会，要生存要发展就必须具有较强的竞争力。销售行业竞争之激烈更是有目共睹。而这种竞争不仅包括才能、素质等方面的竞争，还与人脉有重要的关

联。人际关系好，就会有广博的客源，做起生意来就会得到众人的支持，在与对手的竞争中就会处于优势地位。一个优秀的销售员，从不会封闭自己，而是注重发展自己的人脉以及在各种场合下的语言才能，在聚会和活动上挖掘出一些客户资源。

一、会议场所，搜集各类客户信息

小叶是保险公司的销售员，他在销售保险上有一套自己的心得，比如，他喜欢积极参加市里举办的各种会议和活动，在这些场合挖掘潜在客户。

每次会议前，小叶都会通过会议的举办人获得这些客户的资料，然后再采取一些针对性的措施。

比如，如果他知道哪位客户有爱好旅游的经历，就会给客户送一些旅游资料。打个比方说，有的客户要出国，他就从网上搜索出这个国家的资料，整理成小册子送给这位客户。小册子上介绍了这个国家的风土人情、流通货币和餐饮食宿，客户用起来很方便。同时，小叶还会向客户介绍旅游保险，以及境外援助的方式等。

再比如，对于那些长期在外出差的、有较强购买力但还没有买保险的准客户，小叶会送他们一些卡单式短期意外伤害保险。这种保险期限为几天的意外伤害保险，特别适合他们。

小叶就是借着这种方式和他们建立进一步沟通的，并让他们对保险有更进一步的认识，从而慢慢成为自己的大客户。

案例中，小叶寻找准客户的方法值得我们效仿。比如，通过会议举办人，小叶能了解到客户的信息，如果客户爱好旅游，那么，小叶给准客户送他们所需的旅游资料的机会，自然而然地销售了与客户出行相关的旅游保险。另外，对于那些没有购买保险的有潜力的人，他采取送卡单式短期意外伤害保险的方式，加深他们对保险的认识，也增强了他们对他的信任。经过如此的沟通，有一天当他们需要购买保险时，肯定会先想到小叶的。

我们发现，那些成功的销售员，在寻找准客户的过程中，都不会盲目寻找，而是有的放矢，比如，各种会议场所都是他们关注的焦点。因为一般来说，这些会议场所，云集了各种行业的人士，在这类场合搜集客户信息，远比毫无目的的上门销售要省力得多！

二、进入社团等团体，有助于客户开发

汽车销售有小林也是一名马达爱好者，很喜欢摩托、汽车等，他参加了一个越野车俱乐部，周末的时候，他就和这些会员们一起开车到郊外兜风。

小林虽然精通汽车零部件乃至修理等各个方面的知识，但对于汽车销售，却不是那么在行。这不，刚入职不久的他就遇到问题了，上哪里找客源呢？总不能天天待在店里等着客户上门吧，天下可没有掉馅饼的事。

这天，一脸沮丧的他找到朋友，向朋友倒了一肚子的苦水，结果还没等他说完，朋友说："你傻呀！你自己这是占据有利资源却不利用啊！"

"这话怎么说？"

"你在越野俱乐部有那么多朋友，大家都是马达一族，你怎么不找他们帮忙呢？"

"是啊，我怎么忘了这点，即使他们自己不买车，也或多或少有需要买车的朋友。可是我怎么好开口呢？我觉得不好意思啊。"

"怎么不好意思，如果他们需要车，那么，在你那里买和在其他地方买，不是一样吗？再说，如果你的服务态度好、售后完善，对方还会为你介绍客户呢。那么，你的生意就会源源不断了……"

案例中，汽车销售员小林虽然是汽车俱乐部的会员，但却不知道利用资源，为寻找客源而烦恼，在朋友的提点后，他才认识到这点。

每个销售员必须走出去，主动寻找客户。你的产品或服务是否只是针对某一个特定社会团体，如青年人、上班族、银行家、学生、零售商、律师或艺术家？如果是这样，那么这些人可能属于某个俱乐部或社团组织，和案例中的小林一样，如果我们能积极参加各种社团活动，获取他们的名录，充分利用这一资源，那么，你在寻找潜在客户的过程中，将会容易得多。

三、各种聚会间，隐藏着丰厚的客户资源

方先生独自经营着一家纺织厂，他已经快三十岁了，但还保持着二十几岁时的心态和激情，经常参加各种同学、老乡聚会等，即使他生意并不好。

有一个周末，方先生从朋友那里得知，他的初中同学要举办个小型的聚会，他二话不说便答应参加。

这天，在酒桌上，他得知一个同学手上有一批积压的布匹，准备低价出售，因为这位同学马上要出国定居，想在出国前处理好这事，当这位同学提到这事的时候，其他人都表示爱莫能助，但方先生心想，这批布匹由于是外贸产品，在国内市场同样也可以销售出去，所以如果自己低价收购的话，还可以赚些中间利润，而最重要的是，这样做，可以让自己交到一个很好的朋友，大家是同行，也有助于双方将建立良好的合作关系。

但当他回到厂里的时候，很多老干部质疑，自己是生产布匹的，厂里的货还没有发出去呢，怎么还接手这么个烂摊子呢？当他向这帮老干部说完个中利害后，大家都表示方先生有先见之明。

果然，这位同学很感激方先生，并表示以后他会把自己的老客户都转给方先生，他还不断向自己的朋友夸奖方先生，为方先生介绍了很多的生意。就这样，在不到两年的时间内，方先生的纺织产品风靡越南，生意也越做越大。

后来，方先生常说："眼睛只盯着钱的人做不成大买卖。买卖中也有人情在，抓住了这个人情，买卖也就成功了一半。"

案例中的这位方先生是非常聪明的，虽然他的生意并不好，但还始终保持者热情，懂得利用各种聚会来扩展自己的人脉。如果当时他没有站出来为这位同学排忧解难，那么他便会损失很多这位同学介绍的客户，虽然接受这批积压的布匹，表面上看是吃了点亏，但他却交到了一个朋友，孰轻孰重，明眼人一看就知道了。

总之，销售员通过参与各种聚会和活动与客户建立起感情账户，就能帮助自己更好地开展工作。但我们若想让客户对我们的产品产生兴趣，也同样需要掌握很多沟通技巧、注意很多问题。

销售技巧点睛

1. 销售中的人脉资源积累和口才同样都应成为销售员努力的方向。

2. 善于筛选，不是所有人都人都会对我们的销售工作有所帮助。

3. 不要急于销售，而要顺其自然、巧妙过渡，人们都对陌生人有一种戒备心理。

第3章

拜访有方，
高效沟通获得客户的信赖

寒暄开场，营造轻松良好的交谈氛围

一个好的开始，就是成功的一半。人们见面时通常会有一番寒暄，销售也是如此。一段精彩的开场白，通常也都是以寒暄作为铺垫的。英国著名作家托马斯·卡莱尔曾说："礼貌比法律更强有力。"寒暄其实就是一种礼貌，也是在与客户接触中一个比较重要的问题。作为销售员，我们在与陌生客户正式交谈之前，能否做好开场工作，几乎可以决定我们是否能成功拜访客户。因为初次见面的时候，客户一般都有戒心，对销售员有一种自然的防备心理。为了打破相互之间的隔膜，我们不妨与客户寒暄一番，迅速拉近与客户间的距离，尽可能与对方实现沟通和交流。

一、真诚热情，大胆和客户交流

贝尔纳·拉迪埃是某空中客车飞机制造公司的销售能手，当他被推荐到这家公司时，面临的第一项挑战就是向印度销售飞机。这是一件棘手的任务，因为这笔交易似乎已经被判"死刑"了——这笔交易已由印度政府初审，未被批准。此时，一切希望就压在了销售代表身上。

对此，拉迪埃深知肩上的重任。他稍做准备就立即飞赴新德里。接待他的是印度航空公司的主席拉尔少将。

拉迪埃到印度后，见到他的谈判对手后说的第一句话是："正因为你，使我有机会在我生日这一天又回到了我的出生地，谢谢你！"这句话一语中的，很有效果，迅速拉近了和这位少将的距离，为成功销售出自己的飞机打下了良好的基础。

拉迪埃靠着娴熟的销售技巧，为空中客车公司创下了辉煌的业绩：仅在1979年，他就创纪录地销售出230架飞机，价值420亿法郎。这当中，应该说也少不了他善于寒暄的功劳。

"正因为你，使我有机会在我生日这一天又回到了我的出生地，谢谢你！"这是一句非常得体的开头语，表达了好几层含义：那天是他的生日，而且印度是他的出生地；而能在生日当天这个值得纪念的日子回到自己的出生地，完全得益于对方，因此，他感谢主人慷慨赐予的机会。这句话并不冗长，但却简明扼要、贴切自然，一下子拉近了拉迪埃与拉尔少将的距离。拉迪埃的印度之行取得了成功，也就不足为奇。

与客户寒暄的前提是，我们要大胆、自信、主动地和客户交流，敢于向客户抛出话题。这一点，对于那些刚踏入销售行业的新人来说尤为重要，如果不敢主动迈出第一步，就无法做到突破。刚开始做业务，有时候不知道跟客户讲些什么，而且有时候有很多的顾虑，很容易和客户冷场。

除了主动外，我们寒暄时还要表达自己的真诚与热情。试想，当别人用冷冰冰的态度对你说“我很高兴见到你”时，你会有一种什么样的感觉？当别人用不屑一顾的态度夸奖你“我发现你很精明能干”时，你又会作何感想？推己及人，我们寒暄时不能不注意态度。

二、选择一些轻松的话题

一个周六的早上，老年保健仪器销售员小林敲开了某准客户吴先生的门。开门的正是吴先生。

进门以后，小林扫视了一下客厅，整个客厅，都有种古色古香的感觉。不一会儿，他抬头就看见满客厅的字画。很快，他就找到了与吴先生交谈的话题。

“哎哟，这字写得，我真不知道怎么形容的好，吴先生，这是您从哪里弄来的墨宝呢？是市里哪位书法家的真迹啊？”

吴先生一听，顿时笑了起来，说：“让你见笑了，这是我父亲写的，他比较爱好这些，平时没事就舞文弄墨……”

“看来我今天还真是来对了，令尊现在在家吗？”

“这几天他去省城的姐姐家了，估计过几天才会回来。”

“真是可惜了，我还想要是令尊在家的话，我想向他老人家讨要点他的字画呢！”

“哦，原来是这样啊，这个你可以放心，我可以做主，送你几幅。”

“太谢谢您了……”

就这样，吴先生与小林就中国字画的问题聊了起来。聊到尽兴之时，小林突然装作乍醒的样子说：“吴先生，您看，我和您一聊到这里，就忘了我今天来原本是想要……不过，您不购买也没关系，我今天可是收获颇丰啊。”

“你说的是老年保健仪器？老爷子身体现在越来越不好了，我也没时间陪他锻炼身体，要不，你回头送一台过来给我看看吧。”

“好的，谢谢吴先生。”

案例中的客户吴先生为什么会如此爽快？很简单，这得益于销售员小林在提出销售问题前进行了一番语言的铺垫，得体地与之寒暄了一番。在小林进门之后，他就对客户家的一些特点进行了一些观察，于是，他很快找到了与客户寒暄的话题。我们再细想一下，难道他真的不知道这些字画出自客户父亲？当然知道！他这样问，只不过是让自己的赞美显得更真实可信。于是，针对客户家的这些与众不同的“风景”，小林与客户展开了一番深入的交谈，很快便获得了客户的好感。此时，小林再提出自己拜访的真正目的，客户的抵触心理自然少得多。而在这种情况下的小林依然不断提及自己“今天拜访收获颇丰”，这就更加加深了客户对自己的良好印象。这时，客户再从自己的角度考虑，就很爽快地表明自己有购买需求。

我们寒暄的内容可以是多方面的。比如天气冷暖、身体健康、风土人情、新闻要事等，我们尽量得用语言把话题引到客户感兴趣的话题上去。但是寒暄时具体话题的选择要讲究，要注意话题的轻松性，话题的切入要自然。

销售技巧点睛

1. 寒暄的前提是大胆、自信、主动地和客户交流，敢于向客户抛出话题。
2. 注意态度，表达真诚与热情。
3. 不要让别人感觉你带有明显的目的性。

拜访客户，掌握一套必备的说话策略

很多销售员认为，拜访客户，只要能说会道，对产品足够了解就可以打动客户，实际上，你会发现，无论你怎么能言善辩，你的拜访结果一直维持在一个都不太满意的标准上。这是为什么呢？其实，拜访的技巧掌握程度是决定销售成败的最关键因素，我们除了具备智慧、经验以及足够实践经验外，还必须掌握一套必备的说话策略，而且，有些话必不可少。如果我们能将这些话都说到位，那么，拜访成功的可能性将大大增加。

的确，在拜访客户的过程中，任何一个过程都不可遗漏，否则，就显得有失礼仪。一套完备的说话策略包括三个方面。

一、动情开场，打消客户的顾虑

刘华是某公司销售部的经理，一次，在新人培训的过程中，他亲自带着一位刚来的业务代表去拜访一家大公司的采购主任方先生。

双方见面后，业务代表与采购主任方先生之间的交易似乎显得并不顺利，谈话也不是很畅快。经验丰富的刘华经理看出“问题”出在了双方交谈缺少某些“润滑剂”。于是，他灵机一动，突然想起在来的路上，业务代表曾经对他说方先生有一对双胞胎女儿，今年刚刚上小学，方先生特别疼爱她们。于是，刘华就趁机与他聊起了女儿。

“听说方先生有两个非常可爱的女儿，是吗？”

“是的。”方先生脸上顿时流露出来一丝微笑。

“听说还是双胞胎？今年几岁了？”

“7岁了，这不已经上学了。我下班还要去接他们呢。”

“听说她们的舞蹈跳得特别棒。”

“是呀，前几天还代表学校参加全市的演出了呢。”

提起了女儿，方先生的话就多了，聊了一会女儿，方先生主动把话题引到了这次见面的业务上。

“其实，你们公司的产品……”

我们发现，案例中的销售经理刘华是个很善于与客户沟通的人。当他发现客户与业务代表之间的交谈不顺利时，他便立即找出了能引导客户多说话的话题——客户的双胞胎女儿，进而慢慢消除了客户的心理障碍，如果在开始业务代表与方先生交谈的不顺利的情况下，业务代表或者刘华依然坚持谈业务本身，那么，过不了几分钟方先生肯定就会下“逐客令”的。但是，刘华抓住时机，巧妙地引入方先生感兴趣的话题与其聊天，这样便很容易地打破了谈话的僵局。

可见，开场白的设计是否得当，关系到你后面的销售能否顺利进行，必须要慎重对待。这里包括以下几个步骤：

步骤一：称呼对方的姓名

叫出对方的姓名及职称——每个人都喜欢自己的名字从别人的嘴里说出来。

步骤二：自我介绍

清晰地说出自己的名字和企业名称以及经营的产品。

步骤三：感谢对方的接见

如：“非常感谢陈总经理在百忙之中抽出时间与我见面，我一定要把握好这么好的机会。”

步骤四：寒暄

寒暄在销售工作中是必不可少的一部分，根据事前对客户的资料准备，表达对客户的赞美或者能配合客户的状况，选择一些能引起对方兴趣的话题。

二、抓住时机、陈述拜访理由

某天，销售员小陈来到某小区，准备向他事先了解过的某个准客户销售他的吸尘器。于是，他敲开了客户的门。开门的是一位温婉的女士。

小陈：“太太，您好，我是××公司的销售代表陈××，是这样的，我这周一已经和您先生预约过了……”

客户："我们现在不需要。"

小陈："看得出您很忙！有你这样的人持家，你的家人一定十分幸福！"

客户："噢，谢谢！今天我丈夫不在家。"

小陈："我听说了，我知道您先生是一位事业成功、在业界有影响力的优秀人士。那句话说得没错'每一个成功的男人背后都有一个伟大的女人'。"

客户："呵呵，哪里。我听我丈夫说过购买吸尘器的事儿，我们对你的产品还是挺感兴趣的，这样，你先等一会儿吧，他马上就要回来了。"

小陈："好，谢谢……"

案例中，我们可以看出，销售员小陈在拜访客户时，尽管得到了客户的预约，但还是遭到了这位客户妻子的习惯性拒绝，因为他在拜访之初就直接道明自己的目的，不免显得过于唐突。但值得庆幸的是，在接下来的谈话中，他保持了良好的态度和自然的语气，并对客户说了一些"动情"的话，从而获得了客户的认可，挽救了销售局面。

那么，如何陈述拜访理由呢？对于有预约的情况，我们可以这样表达："××先生，您好，我是××公司小陈，就是上周去拜访您的那位。"而对于没有预约的情况，我们则可以这样表达："××先生，是这样的，今天我来拜访呢，是因为我从您的好朋友××那里得知，您最近需要购买一批××，他和我们合作很多年了，相信我们的产品，所以让我上门来和您谈谈……"在有了开场白的情况下，客户对这些信息接受起来会容易得多，也不会有多少逆反情绪。

三、告辞时不忘礼节用语

俗话说：去时要比来时美。只有这样，你才能给客户留下深刻而又美好的印象。拜访结束后，无论是否取得积极的拜访结果，我们都要彬彬有礼。

拜访客户，告辞时与进门时的寒暄同样重要，我们不可忽视告辞时的礼节用语，特别是你在被客户拒绝的情况下，你的表现更能体现你的个人素养，此时，你的举止应该更沉稳，比如一边收拾资料，一边向客户道歉："对不起，打扰您了！"或"在您方便的时候，我再来拜访您！"然后，鞠躬告退。你越是彬彬有礼，越是能让客户感受到你的良好修养，甚至让客户产生内疚的感觉。

的确，我们不可能与拜访的每一位客户达成交易，但应当努力去拜访更多的客户来提高成交的百分比。而要达到这一目的，以上任何一个细节性的话语都必不可少，将这些话说得得体、到位，才会给客户留下良好的印象，从而有助于我们的销售工作！

销售技巧点睛

1. 拜访之初，不可开门见山道明销售目的。

2. 知己知彼，百战百胜，拜访客户前要设定拜访目标，对客户进行分析。

3. 营销的最终目的是实现销售、满足客户的需求。但在跟客户交谈中，还要善于营造融洽的会谈气氛。

循序渐进，拜访中的销售语言不可太露骨

与客户做生意，我们最终要与客户接触，因此，拜访客户的过程就必不可免。但出于要将产品销售出去的根本目的，一些销售员在拜访客户的时候，显得很盲目，见了面不知道该说什么，该怎么样说，只是很简单地介绍下自己，然后就极力向客户销售产品，结果还没开口介绍就被客户拒绝，只得灰溜溜地逃走，销售业绩也不尽如人意。到最后还弄不明白，为什么现在的社会客户这么难开发？客户关系这么难维护？其实不然，不是客户难搞定，而是销售员自己的问题，有许多东西你是否注意了？有许多方面你是否做到了？如果能够多去思考，善于复制别人成功的方法，善于行动，

善于总结，那么搞定客户也很轻松。

要知道，客户在接受销售员拜访时，他们的压力也是非常大的，他会担心受销售员欺骗，担心买的产品不适合等。这时，最忌讳的方式是硬推产品，因为这样往往使客户压力过大而最后放弃采购。也就是说，我们在拜访客户中，关于销售的话术不可太露骨。

一、语言亲切、自然，在客户心中建立好感

原一平是日本著名的保险销售员。

有一次，他前去拜访一位客户。之前，他曾了解到此人性格内向，脾气古怪。见面后果真如此，有时他们谈得正欢，他却突然烦躁起来。他还清楚地记得那次他们谈话的情景。

“你好，我是原一平。”

“哦，对不起，我不需要投保。我向来讨厌保险。”

“能告诉我为什么吗？”原一平微笑着说。

“讨厌是不需要理由的！”他显得有些不耐烦。

“听朋友说你在这个行业做得很成功，真羡慕你，如果我能在我的行业也能做得像你一样好，那真是一件很棒的事。”原一平在说这些话的时候，语气温和，而且还是一脸的微笑。

听原一平这么一说，那人的态度略有好转：“我一向是讨厌保险销售员的，可是今天我却不忍拒绝与你交谈。好吧，你就说说你的保险吧……”

显而易见，在接下来的交谈中，他们谈到他们感兴趣的话题，彼此都兴奋地大笑起来。最后，这位客户愉快地在保险单上签上了他的大名并与他握手道别。

原一平成功的销售经验告诉我们，在开发客户过程中，不管对方是什么态度，我们都要以良好的销售语气与之交谈，让对方看到我们良好的职业形象和职业素养。

作为销售员，怎样将产品销售出去是首要问题，但销售产品的前提是，我们要成功取得准客户对我们的信任，这里，销售员的服务意识和习惯，决定了客户的信赖程度和认可度。要知道，信任是成交的根本，所有的技巧都是对信任的诠释，技巧可以缩短客户对你信任的过程，但是只有“心”才能让客户最终信任你。而这种信任，正是在我们与客户交谈的点点滴滴中产生的，包括经常被我们忽略的销售语气。

二、关心客户以及周围的人和事

在日本，上午，家庭主妇多忙于打扫与洗衣服，这时候，她们多半不欢迎销售员，而有空闲应付销售员的时间大约是下午四点钟，然而这时正是婴儿午睡的时间。

大吉保险公司的川木先生只要看到某户人家晒着尿布，就不会轻易按门铃，只是轻轻敲门，以示访问之意。当主妇前来开门时，他会用最小的声音向一脸狐疑的母亲说：“宝宝正在睡午觉吧？我是大吉保险公司的川木先生，请多指教。4点多的时候，我会再来拜访一次。”

有人曾说，多研究儿童的心理，对你的销售大有帮助。任何母亲对这种细心的考虑都充满感激，不是立即邀请他进来坐，便是在他重新来访时面带笑容地迎接他。反之，如果销售员不管不顾大摇大摆地冲进去，结果只会被对方撵出来。

对于销售员来说，具有良好的亲和力是能够与客户融洽交谈的必然要素。想要在客户心中建立起亲切感，不仅要我们做到语言亲切、自然，还要我们做到关心客户的生活。这样才能使客户感到愉快，从而对销售员产生信任。热情的语言也决定了态度的热忱。

三、把控进程，别占用客户太多时间

客户最讨厌夸夸其谈却又不知所云的销售员。因此，销售员要经常反问自己每一次的客户拜访是接近了客户一步还是远离了客户一步，如果你自己都没有准备好，客户也感受不到你的用心，不了解你此次拜访的主题，客户为什么要花时间与你会话呢？

拜访时要善于把握进程，说占用对方几分钟的时间就占用几分钟，尽量不要延长，否则客户不但认为你不守信用，还会觉得你喋喋不休，那么下次你再想约见他恐怕就很难了。当然，如果客户自己愿意延长时间与你交谈那就另当别论了。

总之，一个好的销售员往往善于总结各种讲话艺术的优缺点，取其所长在销售过程中综合利用。总之，在与潜在客户沟通过程中，要做到准备充分、有勇有谋、多留后路，才能把握整个拜访的进程，并运筹帷幄，进而减少急躁、急功近利的情况！

1. 销售员要把握说话语速，语速太快会给对方一种压力感，似乎在强迫对方听你讲话。

2. 应以介绍产品信息、了解对方状况为主。降低销售意味，反而易于达成成交机会。

3. 要留下对方的联系方式、地址等资料，并做好记录，这样做有助于下一步销售的筹划，也可借此建立客户档案。

选择时机，把握拜访的时间与地点

在拜访潜在客户前，我们必当要与之约见具体时间。一些缺乏经验的销售新手们在工作时热情很高，也掌握了熟练的沟通技巧，但还是会遇到没等切入正题就被客户拒之门外的情况，这往往是因为没有选择恰当的沟通时间。如果在不适当的时间与客户进行交流，客户很可能会认为自己的事情受到了打扰。比如，当客户情绪低落的时候，或正赶上客户正忙得不可开交时，销售员贸然上门，通常都不会达到预期的沟通效果。

沟通时机的选择主要看两个方面：

一、时间的选择上：了解客户的时间安排再做抉择

邹云是一名厨具销售员。这天，他打算对曾经购买过产品的某个公司进行一番用户调查，以方便后面的新市场开发工作。

邹云："您好，能否打扰您一下，我是××公司的销售员，以前贵公司买过我们的产品，现在想做一个使用调查，占用您一点点时间就够了，不知是否可以？"

客户："不可以！你没看见我正忙着吗？真是的，刚才老板还打电话来催，怪我没有及时把报表送上去。我没有时间，你改日再来吧。"

这位客户为什么会拒绝邹云？很简单，因为他没有选对拜访的时机，此时，客户正处于忙碌状态，根本没有精力与销售员沟通。可见，沟通时机不恰当，往往使销售员无功而返。销售员如果在一个合适的时机与客户进行沟通，那么取得的效果要好得多，有时甚至会马上取得销售的成功。那么，销售员该如何选择恰当的沟通时机呢？

首先，对客户大致的时间安排进行充分了解，这可以有效避免尴尬局面的发生。而如果掌握足够的信息，销售员就不会选择起决定作用的客户不在的时间上门；如果清楚客户的工作规律，就可以避免打扰客户紧张忙碌的工作。

因此，销售员在对潜在客户拜访前，一定要事先做足准备工作，比如，要对对方的职业进行一番了解，因为一般情况下，客户的时间安排状况是和他的职业有一定的关系的。

不同类型的客户的时间安排是不同的，按照不同的工作性质划分，大多数客户的时间安排大致如下：

公务员：可以选择上下午的上班时间与他们沟通，不过最好错开午饭或者下班以前。

教师：周末、寒暑假或者每天下午放学以后，他们比较轻松。

医务工作者：周末或节假日他们常常比较忙，每天上午十点前或下午四点后可能相对轻松。

银行工作人员：周末、节假日、月初、月尾及大多数企业的工资发放时间都比较忙，通常，上午十点前或下午四点后相对轻松。

餐饮业人员：用餐前后的时间是他们最忙碌的时间，最好在上午十点左右，或者下午三四点之间与他们联系。

财务工作人员：月初和月尾都非常忙碌，最好是月中与之联系。

……

尽管上述有关客户的时间安排有一定的规律可循，但是仍要注意规律之外的事情发生，比如一些突发事件的出现等，况且并不是所有的客户都会遵照这些规律安排自己的时间。为了更全面地了解潜在客户的时间安排，销售员最好能多做一些调查，比如了解客户最近是否有外出计划、是否生病、是否有其他活动安排等。

总之，对客户的具体时间安排了解得越清楚，销售员就越容易寻找合适的时机与客户展开沟通，从而最大限度地避免无功而返或引起客户厌烦。

二、地点的选择原则：方便客户，利于销售

业务员小刘是个很细心的青年。在公司，他是唯一一个单身青年，但业绩却是最好的，大家都拿他开玩笑说，说他之所以会有这样好的业绩，是因为他把客户当成自己的女朋友一样的对待，事实上，也的确如此。

一天傍晚，小刘和客户约好了在郊外的一个度假村见面。可就在快五点钟左右的时候，天突然下起了大雨，小刘心想，客户的公司离度假村太远了，又下这么大雨，还是不让客户来回跑了，于是，他赶紧给客户打了个电话："张总，实在抱歉，我不知道今天会下这么大的雨，您从单位开车去度假村实在挺远，也不安全，要不我直接去您单位吧，您看方便吗？"

"小刘啊，你可真是个贴心的年轻人，我刚才还在犯愁呢，没想到你这就打电话来了……"

从上面的案例可以看出，业务员小刘之所以能打动客户，是因为他的细心，为了方便客户，他事先给客户打电话更正拜访地点，感动了客户。

很多时候，一些销售员都忽视了地点的选择同样对与准客户的沟通至关重要，不恰当的沟通地点可能会使客户感到不舒服、不方便或者受束缚。

所以，致力于开发客户的销售员，在与准客户沟通前，最好能先根据不同的客户

特点和沟通内容，选择最令客户感到放松和愉悦的地点，尽可能地避免商业氛围较浓的谈判场合，除非是那些需要通过商务谈判来保持联系的大客户。

销售员必须本着“方便客户、利于销售”的原则来选择沟通地点，尽最大努力令客户感到方便和愉快，不要为了自己的方便让客户感到麻烦。比如选择客户的家中、办公室或者就近的餐厅、茶楼等，千万不要选择客户不便到达的地点。

根据不同的产品特点和沟通内容，在选择沟通地点时，销售员还应该注意以下几点：

① 事先预约，避免扑个空；

② 可以到客户的工作地点销售与工作有关的产品，但千万不可拖拉，否则会打扰到客户的正常工作时间；

③ 如果你销售的是某些生活用品，那么，你可以大方地到客户家中销售，或者选择一些生活气息浓厚的地方，比如，小区广场等，尽量不要到客户的工作地点进行销售。

如果我们能在与客户见面前，首先要了解一下客户的时间安排，并选择合适的地点，那么，一般情况下，客户是愿意接待的。

1. 选择沟通时机时，要把客户的情绪考虑进去。

2. 要记住一些比较愉快或者对客户来说具有非同寻常意义的时间，很可能是最有利于展开互动沟通的时间。

3. 想要单独送礼物或请客户吃饭时，最好不要选择人多的场合，以免客户感到尴尬。

做好铺垫，留下下次拜访的话茬儿

我们都知道，作为销售员，拜访客户的最终目的是为了销售产品。为此，一些销售员在拜访目的没有达成的情况下就垂头丧气，认为销售已经失败。其实，任何一次拜访都是有作用的。我们应当信奉的一个原则是“即使跌倒也要抓一把沙”。意思是，销售代表不能空手而归，即使你拜访的客户暂时没有需求，不能成交，也不要与之失去联系，而应该适时地安排好下次拜访的理由，以备下次能顺理成章地完成拜访。

一、在接触阶段，善用谈话的间隙

保险销售员小李某天来到某客户办公室。

小李：“××先生，您好，我是××公司小李，就是上周预约您的那位。”

客户：“哦，小李啊，你有什么事情吗？”表面上客户故意装作不知销售员小陈来拜访的目的，但他却想，原来是那个卖××产品的小李啊，我就知道不联络她，她会很快联络催我购买的，但我还没有想好是否购买或加入这项事业。

小李：“××先生，这次是有件事情想麻烦您一下，不知道您能否帮忙？”

客户：“哦？有事情找我帮助，是什么？”

小李：“记得上次见到您的时候，看到您戴的××牌手表，我的印象很深。我的男朋友最近也想买，我建议他买同款，可惜我不知道具体的型号和使用情况，也不清楚在哪里买比较优惠，所以想问您。”

客户：“哦，这表其实不错的，是今年的新款，我用得很满意，我是在××地点购买的……”

就这样，两人关于这块表聊了很久……

小李：“今天，耽误了您许多宝贵的时间，非常抱歉！我在和您交谈中学到了很多关于钟表方面的知识，受益匪浅。不过，要是您不嫌麻烦的话，我下次还要来打扰您。请您到时一定要多传授更多一些知识！再次感谢您的热情接待。”

客户：“和你的交谈我也很愉快，欢迎你下次还来。”

虽然这次拜访中，小李完全没有提及销售保险的事情，但接下来的几个月里，她和这位客户一直保有联系，在几次拜访客户时，客户都很高兴。最终，该公司的保险业务被小李一举拿下了。

我们发现，案例中的保险销售员小李在拜访客户上有自己很独到的一套：销售开始阶段，她并没有直接道明目的，而是连连夸赞客户，让客户获得了心理的满足。而在拜访最后，她适时提出还要麻烦对方传授更多的知识，这就把对方捧到了更高的高度。那么，下次拜访的“借口”也就找到了，这样，在你来我往中，当销售员与客户的感情由利益关系上升到朋友时，销售成功自然是理所当然。

可能很多销售员都苦恼，如何对客户进行第二次拜访？应该找什么样的理由？很多销售员为此感到苦恼。可能有些销售员认为，先打电话，询问客户的最近状况，并告知客户有新款产品的上市，或者以邀请函的方式邀请客户参加某个活动。但大多数情况下，这些做法是不奏效的，因为，这些借口和开场白客户都已经猜到了，而且他们知道你们随后一定会过渡到你的产品和再次上门的要求上。这时候他们一般不会太配合你。而如果我们在接触阶段，就注意更多了解客户的细节的话，那么，就能利用谈话的间隙，分析出客户需要什么，喜欢什么，进而完成对客户的诱导。比如，当你无意中得知客户喜欢吃某种食物时，你就可以在拜访结束时告诉客户：“前两天朋友从××地方帮我带了很多这种新鲜的××，我回头给您送来些，也不是什么贵重的东西……”这样，下次拜访的理由自然就找到了。

二、善于掌控谈话的时间，不要一次性把话说完

化妆品销售员玲玲在客户周老师的办公室里已经谈了半个小时，也快到十二点了。于是，玲玲说：“周老师，你看，从你下课，到现在我一直打扰你，这是午饭时间了，要不今天就聊到这儿吧。不过，我过几天可还要来请教您啊，您不会不欢迎吧？”

“当然欢迎，和你聊得很开心呢，也学习了不少护肤知识。”

果然，过了几天，还没等玲玲主动约访，这位周老师就给玲玲打电话了……

很多销售员认为，交谈的时间应由客户控制。主动“叫停”，很可能会得罪客户，而实际上，如果我们主动提出结束谈话，为客户节约时间，不仅会让客户觉得你很贴心，还能为下次谈话找个很好的借口。对此，如果我们能和案例中的玲玲一样巧妙留出话茬儿，那么，一般客户都会觉得你是个不卑不亢、有自己的主见的销售员，也就乐意接见你下次的拜访。

总之，作为营销员，一定要多留个心眼，为下一次拜访客户留下话题。只要我们能够灵活运用上面所学的知识，就绝对会成为一名优秀的营销高手。

销售技巧点睛

1. 客户的时间是宝贵的，销售员应掌控好谈话节奏，不宜打扰客户太久。
2. 在交谈的过程中，一定要问出并记下客户的联系方式。
3. 拜访结束，你可以给客户发一条感谢留言。

第4章

留心倾听，
会听让你说得更加精明

会“说”还要会“听”，听出客户的需求

实际销售中，我们在与客户沟通的过程中，只有先弄清客户一些情况，比如是否真的要购买、购买什么价位的产品等，然后再有针对性地进行销售，这样才能事半功倍。而事实上，很多时候，出于防备心理，客户并不会真实地道出自己的真实想法。这就要求在能说会道的同时，还要会“听”，以便于在销售中及时判断出客户的需求，从而更准确地找出应对策略，尽快完成销售任务。

一、倾听要“专心”，给客户最中肯的建议

刘雪在一家大型图书卖场工作，两年来，他为很多图书爱好者推荐出了心仪的书籍，可以说是一位非常合格的销售员。

有一天，卖场来了一位30岁左右的男人，他的脚步停留在一堆心理学书籍旁。这时候刘雪走了过去，打招呼说：“您好，先生，您是要购买关于心理学的书吗？”

客户回答说：“我随便看看。”刘雪知道客户不愿意跟自己说话，于是，她站在一旁，并没有多说什么。这位先生又在心理学书籍书架旁翻阅了很久，不知道究竟买哪一本好，显得很左右为难的样子。此时，刘雪觉得时机已经成熟，于是，他再次走过去，对那位先生说：“先生，请问你想购买什么样的书呢？”

客户：“我想买一些心理学的书看看，但是我不知道该买哪一本好。”

刘雪：“是啊，现在的心理学书太多了，不知道您购买心理学书籍是出于爱好，还是其他原因呢？”

客户：“其实，我购买心理学书籍有很多因素，我本是就比较喜欢这类的书，以前读书的时候错过了很多好书，现在想再买点这方面的书看，另外，我现在的工作也需要掌握一些心理学基础知识。但我对心理学知识是一窍不通。”

刘雪：“要是这样的话，我建议你买一些心理学基础知识，先了解一下，这本《一本书轻松读懂心理学》就很不错。等你了解了基础再买别的吧，因为心理学非常

难，买的太难了，根本看不懂，还会给自己造成心理阴影。”

最终，客户选了一本《一本书轻松读懂心理学》，高兴地离开了。

我们发现，案例中的图书销售员刘雪是个善于把握客户心理，找出客户真实需求的人。刚开始，在客户刚刚光临的时候，他热情的帮助被客户拒绝后，他并没有继续“纠缠”客户，而是等客户真正需要帮助的时候再“出现”，在得到客户肯定的回答后，他开始一边倾听，一边引导客户继续说，进而逐渐让客户主动说出自己想购买的书籍类型，从而更好地帮助客户作了决定，达到了销售目的。

二、倾听要细心，留意客户的情绪变化

学市场营销的小林大学毕业之后，就在一家建材公司做起了销售。由于专业知识扎实，口才好，小林的销售业绩是直线上升。但是，小林却有一个致命的弱点，那就是不会倾听，因此流失掉不少客户。

一次，小林去谈一个大型工程，工程的负责人是个四十岁左右的男人，他对建材的要求非常的高，见了小林之后，直接询问小林所在企业建材的各项指标，小林报了指标后，对方似乎不怎么满意。但由于小林所在企业的钢材各方面指标都很不错，况且各种政策和条件都很好，客户也就不再挑剔了。但当小林报出价格之后，客户突然声音提高了八度。后来，无论小林怎么向客户保证建材的质量，对方总是避而不谈实质性的问题，就连之前谈妥的各项事宜，对方也不再坚持了。

小林很不明白为什么客户前后态度反差这么大，但无论他怎么挽回，客户还是放弃了购买。

从这则案例中，我们发现，在销售员小林报出价格后，客户的情绪就立刻产生了变化，此时他的声音也提高了八度，可是小林却没有听出这一变化，也没有听出客户拒绝购买的真正原因，故而流失掉了客户。

可见，销售员在和客户的交流当中，一定要注意倾听，留意客户言语间细小的变化。洞察客户的心理变化，及时调整策略，最终的合作就可以顺利实现。

三、倾听要耐心，专业态度帮你融化客户的不满

一天，某饮料公司经理办公室突然闯进一位先生，并直接对经理大喊大叫：“你们哪里是饮料公司，真是要命公司！只顾着自己赚钱，都掉进钱眼里了！你们眼里还

有消费者吗？万一你们的产品把我们消费者喝出个好歹来，看你们怎么收拾！没有一点社会责任感！典型的奸商！”很快，秘书准备叫保安，但被经理拦下了。

这位经理不紧不慢地说道：“先生，究竟发生了什么事情，请您告诉我，好吗？”

“你自己看吧，饮料瓶里居然喝出玻璃碎片，这简直是谋杀，我要告你们！”这位先生把一个饮料瓶重重放在办公桌上。

经理拿起瓶子一看：“怎么会发生这种事？太骇人听闻了，人吃了这东西会要命的，先生，这都是我们的错！”他立刻拉住对方的手，“请你快告诉我，你家人有没有误吞玻璃片，或者被玻璃片割破口腔，咱们现在马上送他们到医院治疗。”

这时，这位先生的火气消了些，说，没有人受伤。

听了这话，经理显得轻松了很多，然后对对方表示感谢，并愿意赔偿这位先生的损失，并表态，以后杜绝这种事情的发生。最终，这位先生的火气全消了，满意地离去。

其实，有时候，客户的抱怨并不是什么大问题，而是希望获得一个满意的答复，这时，就要看我们的态度了，这才是客户最在意的。此时，如果我们能够抱着尊重他们的态度，认真倾听他们的抱怨，并适当做一些安慰和同情，他们一定会把我们当成朋友，情绪自然也会缓和下来，这样，很多问题就已经解决了。

由此，我们可以发现，如果我们不懂得倾听，只是一味地说服客户购买，那么，很可能与客户的本意南辕北辙；而只有我们善于倾听，善于把握客户的真实心理，才能了解客户真正想要什么，才知道如何和客户达成合作和交易。

销售技巧点睛

1. 听出客户的性格类型，也能帮助我们制订出具体的销售方案。

2. 客户情绪发生变化时，语速、语调一般也会产生变化。

3. 倾听客户说话要集中精力、专注，才能让客户感受到尊重。

适时回应，别让客户唱“独角戏”

曾经有人说，倾听是一种能力、一种素质、一种思维习惯，更是尊重他人、关爱他人的行为，与此同时，它还是我们与客户交往的一种有效手段。在一个好的销售员必须具备的品质中，有一种是最重要的，那就是“倾听”，会倾听的销售员，往往在营销的路上能够走得更远。因为倾听不但使我们销售员掌握客户各种信息及资料的重要途径，更是我们表达尊重的方式，但事实上，倾听并不只是带着一双耳朵听，真正有效的倾听是需要回应的，因此，并不是所有的销售员都谙于倾听之道。

一、表达赞同和认可，令客户满怀感激

作为一名销售员，杰克最近要写一份市场报告。但这篇报告的资料确实很难寻找到。通过打听，他得知，有一家工业公司的董事长拥有他需要的资料。于是，杰克便前去拜访。秘书告诉杰克，这些机密的资料，董事长是不会交给你这个陌生的销售员的。随后，杰克听到秘书对董事长说：“今天没有什么邮票。”打听后，杰克得知，原来董事长在为儿子收集邮票。

杰克走进董事长办公室之后，刚开始并没有提及资料的事儿，而是先从儿子谈起。

“您办公桌上照片上的人是您的儿子吧，我也有个这么大的孩子，很调皮，不过有个很安静的爱好，他喜欢收集邮票。”

听到这话，董事长两眼放光，“是吗？现在的孩子真是不好伺候，除了要给他充足的物质生活，还要时刻关注他思想动态，稍不留神，他就会闯祸，甚至在学校不听课，打架，尤其是男孩子，越来越不好管教了。”

“是啊，我昨天还被老师叫到学校了。”仔细听完这些后，杰克点头回答道。

“对了，你说你的儿子也喜欢收集邮票，他通常都是自己收集？”

“是的，董事长。”

“那你比我好多了，我每天都要叮嘱秘书为我留意邮票呢！那你有时间能把你儿子的邮票带给我看看吗？”

“当然可以，我还可以送您一些！”

“真的吗？真是谢谢！乔治他一定喜欢，准把它们当无价之宝。”董事长连连感激道。

接下来的时间里，杰克一直和董事长在谈邮票，临走时，秘书稍微提及了一下资料的事，没想到，还没等杰克开口，董事长便把他需要的资料全部告诉了他。不仅如此，董事长还找人来，把一些事实、数据、报告、信件全部提供给了杰克。

我们可以看出，销售员杰克之所以能拿到自己需要的资料，是因为他从董事长最关心的问题开始谈起——他的儿子喜欢收集邮票。当他激发起董事长的谈话欲之后，他转变谈话方式，把谈话主动权交给对方，自己充当倾听者的角色，在倾听的同时，他对对方的谈话内容，表达了赞同的意见，从而引发了共鸣。可见，认可和赞同对倾听的重要性。同样，销售过程中，如果我们能在倾听的时候，给予对方肯定性的回答，也一定会收到良好的谈话效果。

二、与客户进行眼神交流，拉近心灵距离

王磊是一家培训公司的经理。在过去的五年销售生涯中，他终于逐渐懂得了如何与客户沟通。

刚从事销售时，有一次，他与同事参加一次会谈，结果客户的回答却是：“你们的提案充满了激情，我们完全被你们眼花缭乱的ＰＰＴ震住了，所以相信你们的团队在执行上同样充满激情。年轻人，好好干，你们很有前途；最后，我们需要根据你们的提案再商量一下，看看是否符合我们今年的市场策略，我们会尽快联络你们的……”原来，会谈时间只有一个小时。而他从打完招呼的那一刻算起，他长达102页的PPT伴随着口若悬河的讲述，占用了至少50分钟。其间客户几度试图说点儿什么，都被他无情地打断。

再后来，他懂得了要倾听，毕竟谈生意不是说单口相声。他收起了爱表现的欲望，但问题又出现了，他把说话的机会给了客户，可客户为什么还不满意？一个朋友开玩笑说：“你那死鱼般的眼睛能打动客户？”

他终于找到了问题的症结所在，原来，客户需要的是回应。他得出了沟通的一大经验：既要让别人说，还要专注于别人所说，并用眼神加以回应。也正是这一经验，让王磊在短短的五年时间，成为一名销售经理。

有人说“眼睛是心灵的窗户”，那么为什么要闭着窗户，让客户来猜你的心思呢？不要再抱怨客户为什么不理解你、不相信你。用眼神与客户交流，如果我们两眼空洞无神的话，那么就会给客户留下心不在焉的印象，客户就会认为你不值得信赖。

当客户谈兴正浓时，切勿东张西望或看表，否则对方会以为你听得不耐烦，这是一种失礼的表现。如果目光游移不定就会使客户们联想到轻浮或不诚实，就会对我们格外警惕和防范。这显然会拉大彼此间的心理距离，为良好的沟通设置难以跨越的障碍。

三、澄清客户的谈话，表达对客户谈话的重视

在倾听完客户的谈话后，我们要加以反馈，向对方阐明你是如何理解他的意图的。你可以使用这些话语：“我刚才听你说……”“我理解你主要关心的是……”或者“……我说得对吗？”

的确，“喜欢说，不喜欢听”是人的弱点之一，喜欢被认同是人的弱点之二，如果你在与客户见面时，能够掌握这两个人性的弱点，让客户畅所欲言的同时获得一种认同感，你一定会事半功倍。

销售技巧点睛

1. 倾听时，你要做到身体往前倾，直接面向客户，注意力集中在他的脸、嘴和眼睛上。

2. 不时点头；不时与对方保持目光接触。

3. 不要急于打断，不要急于下结论，等你的客户说完。

制造共鸣，客户愿意倾诉时销售就成功了一半

对于陌生的销售员，我们似乎都有一种本能的戒备心，但对于我们的朋友，我们却倍加信任。而人与人之间为什么会由陌生人到朋友？因为情感的共鸣！人们都喜欢与自己有共同爱好、兴趣的人交往，而对于那些与自己“志不同道不合”的人，则会退避三舍。因此，在与客户沟通的过程中，你不妨先不谈销售，把老客户当作真心朋友，倾听其内心，多多制造共鸣，你会很轻松，在业务上更会有意外收获。

一、善加引导，激发客户的谈话兴趣

有一天，乔·吉拉德接待了一位客户，这位客户对乔所销售的汽车很满意。因此，乔对这位客户要买车有十足的把握，就差最后的签单了。但此时的乔似乎有点掉以轻心了。

他们一路走向办公室，客户满面春色地说起他儿子来。

“乔，我儿子要当大夫了。”

“那好哇。”乔·吉拉德说。走进办公室时，大厅里几位销售员在说说笑笑。客户还在讲，乔·吉拉德则留心着外边。

“嗨，我儿子棒不棒？”他还说个不停。

“成绩很好，是吗？”乔·吉拉德问，眼睛仍盯着大厅里的那帮人。

“班上前几名呢。”客户答道。

“他中学毕业后想干什么？”

“我刚跟你说过了，乔，他念书要当大夫。”

乔·吉拉德说：“太好了。”他看了客户一眼，忽然意识到刚才一直没注意听。他眼神有点异样的神情。

客户突然说：“啊，乔，我得走了。”说完便离开了。

第二天下午，乔·吉拉德打电话到客户办公室，说："请您回来买车。"

"噢，大人物先生，"客户接着说，"世界头号销售员先生，我要告诉你，我已经从别人那儿买了车。人家能体会我的心情，听我夸我儿子。乔，你没听我说。告诉你吧，大人物先生，有人跟你讲他喜欢什么不喜欢什么的时候，你应该听他们说，全神贯注地听！"

乔·吉拉德猛然醒悟到自己做错了事，赶忙说："先生，如果因为这个，您不买我的车，这确实是个很好的理由。不过，我现在想告诉您我是怎么想的。"

"什么想法？"

"我觉得您很不了起。您认为我无能，我很难受，但能不能请您帮我一个忙？"

"帮什么，乔？"

"希望有一天您能再来，让我有机会证明我是个好听众，我愿意为您效劳。当然，如果您再也不来了，我也不会有任何怨言。"

三年后，那位客户又来了，乔·吉拉德卖给他一辆车。他不只自己买，还介绍了好几十位同事来乔·吉拉德这儿。再后来，那个客户又从乔·吉拉德这儿买一辆车，送给他儿子吉姆大夫。

乔·吉拉德12年内共售出13000多辆小汽车，被誉为"全球销售大王"而载入了吉尼斯世界纪录。乔·吉拉德成功的原因就在于认真倾听客户的讲述，和客户成为朋友。销售中，要探寻出客户关心的话题，我们可以根据具体的谈话环境，多仔细观察并积极倾听，然后进行分析，继而引入共同话题。比如，销售员可以从客户的事业、家庭以及兴趣爱好入手等谈起，以此活跃沟通气氛、增加客户对你的好感。

二、带着微笑聆听，一张笑脸帮你敲开客户的心扉

乔·吉拉德说，有人拿着100美金的东西，却连10美金都卖不掉，为什么？你看看他的表情？要销售出去自己，面部表情很重要：它可以拒人千里，也可以使陌生人立即成为朋友。

笑可以增加你的面值。乔·吉拉德这样解释他富有感染力并为他带来财富的笑容：皱眉需要9块肌肉，而微笑，不仅用嘴、用眼睛，还要用手臂、用整个身体。

"当你笑时，整个世界都在笑。一脸苦相没有人愿意理睬你。"他说，从今天

起，直到你生命最后一刻，用心笑吧。

“世界上有60亿人口，如果我们都找到两大武器：倾听和微笑，人与人就会更加接近。”

从乔·吉拉德的叙述中，我们发现，他是个喜欢微笑的人，是微笑让对方对其产生好感，并信任他，从而愿意与之继续交往。

笑容始终是销售员最打动客户的地方，而客户也总是对那些面带微笑、热情的销售员青睐有加。所以说，作为销售员，我们要时常把热情变成一种习惯，学会微笑，用真诚的微笑去感染他人。

三、倾听客户的烦恼，成为客户的知己

这天，化妆品销售员小林来到某准客户家，开门的是位年轻的太太，很明显，这位太太很不高兴，脸上还挂着没擦干的泪水，小林赶紧说：“太太，您怎么了，遇到什么伤心的事情了吗？”

客户：“没有，您是哪位？我不认识你！”

小林：“我是一名化妆品销售员，在敲开您的门之前，我是准备向您销售产品的，可是当我看到您一脸的愁容，我觉得我有其他的使命了。”

客户：“真是很感激你，其实，我没什么事。”

小林：“家家有本难念的经，我能理解，尤其是咱们女人，要操持好一个家，努力经营好一段婚姻，真不是一件容易的事。”

客户：“你说得太对了。我的丈夫就是一个永远不知足的男人，我这么努力，家里家外，他却一回来就跟我吵架，甚至连我做的饭都不吃，我都不知道该怎么办了，难道他也喜欢上了别的女人？”

小林：“太太，我觉得您需要勇敢一点，要和您的丈夫谈谈，这样问题才能解决，不然即使您伤心，他也不知道啊。”

客户：“你说得有道理。我是该找个机会和他摊牌。对了，你刚说你销售化妆品，都是什么样的产品？”

小林：“……”

当面对关系不紧密、甚至完全陌生的销售员，这位太太即使“心有千千结”，也

不愿向小林倾吐，而当小林以坦诚的态度道明自己的原本来意和对自己的关心后，她对小林的防备心就稍微松弛了一点点，而当后来小林谈到一个女人的难处时，更让她感同身受，于是，她的心就彻底向小林敞开了，也就把小林当成了情感倾诉的对象，主动问及产品更是水到渠成的事。

可见，与陌生客户交谈，如果我们能善加引导，打开客户的心扉，让其对我们一吐为快，那么，不仅有利于了解其内心真实想法，还有利于拉近与客户在心理上的距离，让他更容易接受你的却说，从而获得销售上的成功。

销售技巧点睛

1. 对话中偶尔插入一些话或者进行简短的提问，能激发对方的谈话兴趣。

2. 不仅要听，还要会听，如果你并没有领会对方话里的含义，可以询问一下，以免造成误解。

3. 如果客户说出的是我们不同意的观点、意见，我们不要急于反驳或者做出判断，对不同想法和不正确的观点，要待对方说完以后再做进一步的交流。

虚心请教，聆听客户为你提出的批评与建议

“好为人师”是人性的一个弱点。孔子说：“人之患，在好为人师表。”每个人都希望能得到他人的尊重和敬仰，这一点，不分年龄、性别以及职业等。法国大作家罗曼·罗兰说：“自尊心是人类心灵的伟大杠杆。”只要你能满足对方的自尊心，你

就掌握了对方。销售员利用人类的这一弱点，尊对方为老师，抬高客户，甚至可以虚心向对方求教，这样对方就会心情舒畅，心中充满温暖和同情，对你抱有好感，从而不自觉地接受你的销售。

一、赞美式开场，赢得客户的好感和认同

原一平有一次去拜访一家商店的老板。

“先生，您好！”

“你是谁啊？”

“我是明治保险公司的原一平，今天我刚到贵地，有几件事情想请教一下您这位远近闻名的老板。”

“什么？远近闻名的老板？”

“是啊，根据我调查的结果，大家都说这个问题最好请教您。”

“哦！大家都这样说啊？真是不敢当，你说吧，到底是什么问题呢？”

“实不相瞒，是这样的……”

“站着谈不方便，请进来吧！”

……

每个人都渴望被别人赞美，获得认同，客户也是，这里，销售大师原一平之所以能成功销售，就在于他在开场时用请教的口吻赞美了对方：用第三者“大家”的口吻去称赞商店老板“远近闻名”，给老板充分的肯定，赢得了老板的好感和认同，接下来的沟通就容易多了。

与客户交谈，把其放到较高的位置上，并虚心地请教其问题，能满足其某种成就的虚荣心和好为人师的心理，可见，有时，对客户的请教也是一种委婉的赞美方式。真诚地去请教客户，往往是打开销售之门的一把钥匙。比如，你可以这样说：

“陈总，我早就听说过您白手起家的故事，我真的很想请教一下您，当时您是怎么做出创业的决定的呢？”

“听说您是通信方面的专家，想请教一下您……”

“专家就是专家，您提的问题都与一般人不一样，都提到点子上了……”

“张先生，您在营销方面这么有研究，有机会一定当面向您请教……”

“李总，您公司目前在物流服务领域做得这么成功，当初您是怎么想起来开展这项业务的呢？”

二、虚心倾听，满足客户的好胜心

有名电脑销售员叫刘平。一次，他向某大公司销售电脑。工作努力的他，加上平时跑得勤、功夫深，成交的希望非常大。但他没料到的是，“半路杀出个程咬金”，在关键时刻，该公司总经理把这件购买事宜交给了一个技术顾问——电脑专家陈教授。经过考察，陈教授私下表示，两种厂牌，各有优缺点，但在语气上，似乎对竞争的那一家颇为欣赏，刘平一看急了，“煮熟的鸭子居然又飞了？”于是，他准备进行最后的努力。他找了个机会，口沫横飞地辩解他所代理的产品是如何优秀，设计上如何特殊，希望借此改变陈教授的想法，谁知道，还没等他说完，陈教授不耐烦地冒出了一句话：“究竟是你比我行，还是我比你懂？”这话如五雷轰顶一样打醒了刘平。不过似乎已经晚了。

当刘平垂头丧气地回到公司，向同事诉说这件事后，一位同事告诉他：“为什么不干脆用以退为进的策略销售呢？”并向他说明了“向师傅销售”的技巧。“向师傅销售”，一定要切记绝对肯定他是你的师傅，抱着谦虚、尊敬、求教的心情去见他，一切的销售必须无形，伺机而动，不可勉强，不可露出痕迹，方有效果。

于是，刘平重整旗鼓，再次拜访陈教授。见了面，他一改自己的说话习惯，对陈教授说：“陈教授，今天，我来拜访您，绝不是来向您销售。过去我读过您的大作。上次跟老师谈过后，回家想想，觉得老师分析很有道理。老师指出在设计上我们所代理的电脑，确实有些特征比不上别人。陈教授，您在××公司担任顾问，这笔生意，我们遵照老师的指示，不做了！不过，陈教授，我希望从这笔生意上学点经验……”刘平说话时一脸的诚恳。

陈教授听了后，心里又是同情又是舒畅，于是带着慈祥的口吻说道：“年轻人，振作点。其实，你们的电脑也不错，有些设计就很有特点。唉，我看连你们自己都搞不清楚，譬如说……”陈教授谆谆教导，刘平洗耳倾听。这次谈话没过多久，生意成交了。

这则案例中，刘平刚开始向他的准客户热情地销售，但却失败了，这是因为他忽略了对方的自尊心，大谈自己产品的优势。他犯的错误就是，试图显得比客户更高明，这样当然不会赢得客户好感的；同样，他能挽回败局，将一笔快泡汤的生意又做成，其原因是利用了人性的弱点，通过求教，满足了对方的自尊心，赢得了对方的好感从而成功了。可见，抬高客户是赢得客户好感的一个重要方法。

三、放低姿态、适当使用讨教的语气求教

我们可以放低姿态，以讨教的语气进行交流，比如，你可以问对方："请问，您刚才说的电脑的配置，指的是哪些方面呢？"倾听时如此反馈，一来可以体现出你在认真倾听，二来可以满足对方好为人师的心理，以此来促成销售。

虚心请教是让别人产生优越感也是体现自己谦逊态度的重要方式。所以你可以问对方："关于我的看法，你有什么意见？"

用这样的方式引发对方的思考，给他创造说话的机会。而且，你也可能会因为让他有了说话的机会，而引发他对你的好感。

美国一位著名的哲学家说："驱使人们行动的最重要的动机是做个重要人物的欲望。"可见，说话谦逊，抬高客户，才会让对方听起来更悦耳舒服。这也是我们在开发客户过程中必须要具备的一项说话技能！

销售技巧点睛

1. 尽量让对方有说话机会，即使是一对一的个别谈话也应如此。

2. 你要耐心地听着，抱着一种开阔的心胸，诚恳地鼓励他充分地说出自己的看法。

3. 要把真实的性格展现给对方，对方会佩服你的坦诚相见。

听者有心，学会将话题引到有利于销售的关键点上

倾听在销售中的作用早已毋庸置疑，那些顶尖的销售员，通过经验总结出了一条规律：如果你想成为优秀的销售员，就要将听和说的比例调整为2∶1。也就是说，70%的时间让客户说，你倾听；自己用30%的时间来发问、赞美和鼓励他说，只有这样，销售员才能打开销售之门，成为顶尖的销售员。但从另一个方面看，倾听的最终目的是为了服务于销售。这就要求我们在倾听客户说话的过程中多留心，不要为了倾听而倾听，而要及时把话题转到销售工作上。

一、倾听不傻听，听出对方的弦外之音

利特尔公司是世界最著名的科技咨询公司之一。然而其前身只不过是其创始人利特尔建立的一个小小的化学实验室，并不为人知晓，但后来一件事却让这个小小的实验室名声大振。事情原来是这样的：

1921年的一天，许多企业家在一次集会上，谈论科学和生产的关系。一位大亨高谈阔论，否定科学对企业生产的重要作用。这位大亨挑战性地对利特尔说："我的钱太多了，所有的钱袋已经不够用了，想找猪耳朵做的丝线袋来装钱。或许你的科学能帮我这个忙，如果能做成这样的钱袋，大家都会把你当科学家的。"说完，他哈哈大笑起来。

聪明的利特尔怎么听不出大亨的弦外之音呢？

他感到非常气愤，恨不得给这种无聊的人几个耳光，可是他忍受了，表面上非常谦虚地说："谢谢你的指点。"

此后不久，市场上的猪耳朵被利特尔公司暗中收购一空。购回的猪耳朵被利特尔公司的化学家分解成胶质和纤维组织，然后又把这些物质制成可纺织纤维，再纺成丝线，并染上各种不同的美丽的颜色，最后编织成五光十色的丝线袋。这就是猪耳朵丝线袋，这种钱袋投放市场后，顿时被一抢而空。

"用猪耳朵制丝线袋"，这看来荒诞不经的恶毒挑战被粉碎了。那些不相信科学

是企业的翅膀、同时也看不起利特尔的人，不得不对利特尔刮目相看。

利特尔公司从此名声大振。

利特尔听出了大亨的弦外之音，不露声色，暗地里却做好准备，收购猪耳朵，并通过科学的方法将猪耳朵制成丝线袋，不仅为自己带来了经济利益，还粉碎了大亨的恶毒挑战，一举成名。这个故事同样给从事销售的人们一个启示：倾听不能“傻听”，要听出关键点，才能有助于销售，否则就会本末倒置。

二、以退为进，不妨从客户关心的话题入手

小马是一名汽车销售员，在一次汽车展会上，他结识了一位客户。通过对这位客户的言行举止的观察，小马分析这位客户对越野型汽车十分感兴趣，而且其品位极高。后来，小马几次试图约客户出来坐坐，就一些关于越野车的问题谈谈，但是客户总是以各种理由推脱，总是说自己工作很忙，周末则要和朋友一起到郊外的射击场射击。

小马终于发现，原来客户还喜欢射击，经过打听，果然如此，这位客户曾经是一名射击冠军。于是，小马上网查找了大量有关射击的资料，一个星期之后，小马不仅对周边地区所有著名的射击场了解得十分深入，而且还掌握了一些射击的基本功。再一次打电话时，小马对销售汽车的事情只字不提，只是告诉客户自己“无意中发现了一家设施特别齐全、环境十分优美的射击场”。下一个周末，小马很顺利地在那家射击场见到了客户。小马对射击知识的了解让那位客户迅速对其刮目相看，他大叹自己“找到了知音”。

在返回市里的路上，客户主动表示自己喜欢驾驶装饰豪华的越野型汽车，并对一些造型别致、性能好的越野车都进行了一番阐述，小马认真地倾听着。等到客户提到“说实话，现在市场上的汽车在档次与品位上做得实在……”时，小马立即接过话茬儿：“我们公司正好刚刚上市一款新型豪华型越野汽车，这是目前市场上最有个性和最能体现品位的汽车……”一场有着良好开端的销售沟通就这样形成了。

案例中，我们可以看出，销售员小马是精明的，当他发现直接从客户爱好的越野汽车入手并未见到成效时，就转换了一个角度——射击，当他与客户产生共鸣后，客户对他的戒备心也就消除了，此时，当客户谈及自己最喜欢的越野汽车并阐述自己的观点时，小马能巧妙地接过客户的话茬儿，把话题转到销售问题上，一场有着良好开

端的销售沟通就这样形成了。

现实销售中，一些销售员完全站在自己的立场上考虑问题，希望一股脑儿地把有关自己所销售产品的信息迅速灌输到客户的头脑当中，却根本不考虑客户是否对这些信息感兴趣。这些销售员，几乎从刚一张嘴就为自己的失败埋下了种子。要知道，实现与客户互动的关键是要找到彼此间的共同话题，这就要求销售员首先要从关心客户的需求入手。

三、把握销售进程、及时将话题转到销售上

"大爷，听说最近又有冷空气要来，今年冬天的天气真是没有往年好呀。您岁数大了，尤其要注意保暖，省得头疼感冒不说，还可以减少关节炎的疼痛。您看一下这件适合老年人穿的加厚羽绒服，它既暖和又舒适，而且非常耐穿……"

在确定了客户的需求之后，销售员虽然可以针对这些需求与客户进行交流，但是这往往达不到销售沟通的目的，此时就需要销售员巧妙地将话题从客户需求转到销售沟通的核心问题上。

另外，我们在将话题转换到销售上时，要多使用积极的语言，这样在转换话题的时候，会更自然、巧妙，能更好地引导客户从有利的一面看待产品，促进产品销售。

总之，倾听是有效沟通的重要基础。而且，善于倾听的人总是注意分析哪些内容是主要的，哪些是次要的，以便抓住事实背后的主要意思。我们倾听客户说话，也要抓住有利于销售的关键点，不要被个别枝节所吸引。

销售技巧点睛

1. 时刻不忘自己的最终目的是卖出产品，满足客户的需求。

2. 听出客户字里行间的意思，甚至要配合提问来引导。

3. 积极询问，通过询问可以更好地控制谈话的进程，更大程度地调动客户的兴趣和积极性。

第5章

灵巧提问，不经意间探出客户的真心

你问他答，向客户提问的几种方式

在销售中，是否能在一开始就引起客户的兴趣，在于销售员是否懂得运用语言的艺术。聪明的销售员会懂得巧妙地提出问题，从而在开始就了解到客户的真实想法，才能引导客户的思维跟着自己的导向走，因为说服的艺术并不是上演一场场独角戏，而是需要你来我往的相互交流，提出相应的问题，可以引导你的谈话对象去仔细地思考，然后说出他的意见与看法。

小童是一名电脑销售员，一次，在向某公司的领导销售电脑时，他很好地充当了顾问的角色。

“上次，您谈到电脑的性能可以满足 3 ~ 5 年的需求。这怎么理解呢？”

“使用寿命短，更新太快，是笔记本的最大缺陷，我们希望笔记本电脑能够用得久一点。”

“确实是这样。我记得几年以前，电脑的主频只有200多兆，现在的主频已经到了3.0G，是以前的十多倍。您觉得电脑使用时间的主要瓶颈在哪里？或者说三五年以后，笔记本的哪些配置会成为使用的障碍？”

“我想听听你在这方面的看法。”

“您看看我这几年用电脑的情况您就知道了。我也是前几年买的电脑，但现在的问题是，配置不够高，造成了这几年总是要升级硬盘。事实上，考虑到内存的升级最容易而且价格下降较多，内存现在只要够用就行了，以后可以很方便地升级。为了能够使您的电脑用得时间长一些，因此呢，我觉得您应该在CPU的主频和硬盘方面的配置高一些，显示屏应该使用19英寸的，这样在几年之内都会是顶级配置。”

“你建议的配置呢？”

“您也知道，现在的科技技术发展太快了，以前的奔四马上就要停产了，现在生产的电脑CPU有酷睿双核、弈龙和一些四核高端产品。而且Intel的CPU最近会降阶，我建议您采用E5300的CPU。您使用的数据量很大，考虑到以后升级硬盘时要淘汰现有的硬盘，所以我建议您这次的硬盘配到1TB。内存就使用2GB就可以了，屏幕选择19英寸的屏幕。”

“有道理，我就按照你的建议买吧。”

小童通过对客户的巧妙提问，摸透了客户的需要，这有利于正确地向客户介绍产品和销售产品，使后面的销售工作容易得多，可见提问的重要性。销售员在与客户沟通的过程中，多提一些积极的问题，可以增加客户对产品的信心，从而加强客户购买的愿望并最终决定购买。销售中，提问包括以下七种方式：

一、主动性提问

主动式提问是指在介绍完产品后，销售员对客户的感受直接提出的疑问，目的是希望得到客户的反馈意见。一般来说，只要销售员注意自己的说话方式，客户都会直接、正面回答这些提问，比如：

销售员可以直接问客户：“这件衣服是今年的最新款，不知道您喜欢不喜欢这种颜色呢？”如果客户说他不太喜欢，那么“症结”就已经找到了。

二、建议式提问

销售员应该提醒客户，在购买产品后会得到某些利益和好处，并提出一些良好的建议，客户在经过思考后，如果能对你的意见产生认同感，一般都会购买产品。

比如，婴幼儿产品销售员可以这样销售：“请问您的宝宝多大呢？如果是一岁以下的婴儿，我建议您……如果是……”短短的一个问题，会让客户感觉到你的贴心，又会让客户感觉到你的专业，进而赢得客户的信任和认同，从而给客户留下了良好而又深刻的印象。

三、重复性提问

也就是重复客户的疑问，从而肯定客户的观点，容易让客户产生认同感。

例如，当客户对你的产品服务产生不满时，你可以问：“你是说你对我们所提供的服务不太满意？”

那么，这一提问方式有什么好处呢？第一，能起到对客户言论的确定作用，避免理解错误；第二，起到缓冲问题的作用，销售员可以借此机会想出解决的对策；第三，这类问题还可以用来减弱客户的气愤、厌烦等情绪化行为。

四、选择式提问

这种提问方式，需要销售员对可能产生异议的几种问题进行分类，不能遗漏任何可能性的问题，这才能让客户自己从中选择一个或几个。

例如，销售员可以问客户："您好，我们的产品有哪些问题让您觉得不太符合你的需要呢？是样式、体积、重量还是口味……"

五、指向性提问

例如："你们一般都买哪个品牌的化妆品？"或"你们每年花在旅游上的经费大概是多少呢？"等。

指向性提问由于针对性强，所以在可以快速获取所需资料的同时也会有许多不足之处，如只能询问处客户愿意公开的问题，也就是不能深入提问，但好处是，一般客户都乐意回答。

六、细节性提问

这类提问的作用是，可以使得客户进一步表明自己的观点或者不满，方便了解购买中产生异议的原因，比如，当客户只说出对产品不满时候，你可以问："请告诉我您对产品哪里不满意，好吗？"

七、结论性提问

这种提问是根据客户的观点或存在的问题，推导出相应的结论或指出问题的后果，诱发出客户对产品的需求。这类提问通常使用在评价性问题和损害性问题之后。

但销售员需要注意的是，不论采用哪种提问方式，在提问过程中都需要对客户要表现出关心，且语气不可太生硬。

1. 尽量提出启发性的问题，让对方有说话机会。
2. 问题必须切中实质，不要无的放矢。
3. 提问时必须保持礼貌和谨慎，对方会佩服于你的条理和诚意。

你问他应，有效反问客户的技巧

可能很多销售员都发现，很多情况下，我们明明发现客户对产品感兴趣，但却迟迟不购买，这是因为他们把这种购买意愿储存在大脑中，而没有激发出来，要激发这种购买欲望，就需要销售员采取提问的方式。当然，提问的方式有很多种，其中就包括反问，通过一步步地反问，我们能激发客户的需求和紧迫感，进而促成成交。

一、疑问型反问

这是最简单的一种反问方式，指的是销售员可以直接对客户提出自己想要知道的问题，但这种反问方式一般只适用于一些客户愿意公开的问题，除非你与客户有不同一般的关系。但这种反问方式的好处是，客户一般都乐于回答。

例如销售员可以问："看你的穿着，您应该最喜欢红色的包包吧，既然这样，为什么不试背一下呢？"等，使用疑问型的反问句，销售员就可以在短时间内明确谈话的重点，引导客户进行有效沟通。

二、层层递进型反问

大学毕业以后，小刘就来到一家电子产品公司，几年工作下来，他也累积了不少工作经验。

这天，小刘和平常一样，来到一家科贸公司，准备推荐自己的产品。但在沟通的过程中，科贸公司的经理提出了不同看法：

客户："到现在为止，所有厂商的报价都太高了。"

小刘："所有的报价都太高了？真的是这样吗？"

客户："是的。"

小刘："不过，我想您应该不会反对我与您进一步展开合作吧？"

客户："反对倒还不至于。"

小刘："那么如果我们有机会再次合作，难道您不觉得我们可以帮助您建立更广泛的客户群吗？"

客户："恩，很有可能。"

小刘："您想我们平时买质量优质的手机和传真机，都是为了拥有更好的通话质量，对吗？如果我们的产品通过与您的合作被更多人所使用，那么那些受益者第一个想到的就是贵公司的名字对吗？"

客户："恩，那倒是这么回事。"

小刘："所以您不反对我们通过和你的合作可以帮助更多人建立起一套更实用的电话系统，是吗？"

客户："是。"

当然，这单生意就这么轻松地做成了。

很明显，案例中，销售员小刘在遇到沟通问题时解决的方法是反问法，他通过一步步地反问，然后将主题引导到销售上来。这样做的好处是有利于掌握谈话主动权，控制整个销售进程，进而可以让整个销售工作带引到自己所希望的情况上来，避免让客户一直处在主动的位置，而销售员则始终被客户牵着走，没有任何可以控制客户的空间。可见，反问就是这样一种可以将被动转换为主动的提问方式。

这种反问方式在销售过程中比较普遍，它的目的是通过步步深入的反问，让客户认识到问题的严重性或者加深对产品认识等，从而激发客户的情绪，从而唤起客户的购买欲望，比如，在销售员向客户销售空调系统的过程中，可以向客户反问：炎热的夏天，全家人在空调下享受清凉的时候，此时，你一定不愿意看到空调突然坏掉，如果您的空调突然出现故障您会是什么心情？你的家人会不会抱怨您没有买一台质量很好的空调呢？销售员通过这样逐级增加问话的深度，往往能吸引客户注意力，从让沟通气氛愈加活跃起来。

三、机智、幽默型反问

这种反问的方式一般出现在客户产生异议，销售员直接反驳客户导致的尴尬场景下，目的在于消除尴尬，起到圆场的作用。方法是尽量别直接攻击客户提出的异议、疑问等，从侧面和不同的角度表达态度和观点，机智巧妙地回应对方。有这样一则笑话，就曾使用幽默型的反问，让人在感到快乐的同时又有所领悟：

妈妈：“你选哪一个苹果？”

儿子：“我要那个大的。”

妈妈：“你应该懂礼貌啊，要小的才对。”

儿子：“难道懂礼貌就是要撒谎吗，妈妈？”

四、讽刺性反问

讽刺性的反问所使用的销售场景一般是：销售员受到了客户不公正和不平等的指责等，为了不伤及客户的感情，销售员可以使用这种反问方式。

客户：“昨天晚上怎么没有送货过来？”

销售员：“我在公司值班呢。”

客户：“那怎么不派人送来？”

销售员：“别人也都要值班呢。”

我们暂且先将销售员的这种做法正确与否搁置，但其反问的方式值得借鉴，他既表达出了反问者的想法，有保全了气氛的和谐。但销售员要记住，在销售过程中，运用这种反问方式一定要注意把握分寸，不要伤害客户感情，更不能激怒客户，造成一发不可收拾的后果。

总之，在销售过程中，如果销售员能恰当反问，便可以顺利把客户带进自己的谈话模式中，变被动为主动；而如果销售员不懂得如何提出反问问题的话，将无法获得客户信息。

1. 适当地运用反问法，把问题踢回给客户。
2. 用理解加反问的方式来回应客户的拒绝。
3. 搞清了客户拒绝的原因，以诚恳的态度对自己的错误做一番补救。

讨巧提问，从客户感兴趣的问题入手

经验丰富的销售员都知道，在与客户进行沟通的过程中，你问的问题越多，获得的有效信息就会越充分，最终销售成功的可能性就越大。弗朗西斯·培根也曾经说过："谨慎的提问等于获得了一半的智慧。"提问的好处多多，但很多销售员却苦苦思索，该如何提问才有效？实际上，我们都有这样的经验，人们对于自己感兴趣的问题才会乐于回答，那么，我们何不以此为突破口、进行巧妙地询问呢？

一、设置悬念，让客户产生探索的欲望

一个中国留学生在澳大利亚经历了这样的事情。

"您是中国人？"金发小姐问他。

"嗯。"他下意识地回答了一声。

“我能问您几个问题吗？”

“我不懂英语。”他打着手势装着不懂。

“只四个问题。”金发小姐一笑，继续问：“您是学生还是工作了？您最想做的事是什么？将来想从事什么工作？对未来有何打算？”

顿时，他的顾虑打消了，心想在这陌生世界中，竟还有人关心起他这个不起眼的人的生活和工作，甚至未来，于是他答道：“我现在是边学习边打工，每天感到生活压力很大、又很累。我最想做的事就是交到更多的朋友，将来能从事自己喜欢的工作，未来我希望获得成功。”

“您希望成功，目前却遇到压力，朋友和工作这些问题，那么通过怎样一个中间媒介去实现呢？我将告诉您。”然后指着问号说道，“但愿我能帮你解决这个问号。”

他十分惊讶，于是带着好奇，跟着金发小姐来到了她的办公室，她告诉他，她的工作是帮助那些有困难的人，根据他们的具体情况，指导他们购买他们所需要的书，特别是在这儿购书可比外面书店便宜10%。在金发小姐的热情下，这位留学生不得不买了她推荐的一本书。

在这个案例中，金发小姐成功销售出自己的书，就是利用制造悬念的方式，她先用一连串的问题表达对客户的关心，而这些问题，丝毫没有涉及销售。因此，在留学生消除了心理障碍后，她继续用“但愿我能帮你解决这个问号”的方式来吊留学生的胃口，让留学生产生一种继续想知道的愿望，随后，金发小姐成功销售出书也就成了一个事实。

二、疑难解答，从客户最头疼的问题入手

乔治有一家自己的公司，他的公司专为其他公司提供销售员和管理人员，在一个星期五的下午，他和老同学有一个约会，那天天气很热，当他到达约会地点的时候，发现自己早到了20分钟。为了不让这20分钟的时间白白浪费掉，他决定找个客户进行销售。

乔治找到了一家规模比较大的汽车销售店，并走了进去。

“你们老板在吗？”他问销售员。

“不在。”

乔治并不退缩，又问道：“如果在的话，他会在什么地方呢？”

“在大街对面。”

乔治走到街对面，在接待室他问：“你们老板在吗？”

“嗯，他在，在他办公室里。”接待小姐说。

当时那位老板正在和销售经理商量事情，乔治走进他的办公室，问道：“作为贵公司的老板，我想您大概总是在想办法增加销售额吧？”

“年轻人，你没看见我正在忙吗？今天是星期五，又是吃午餐的时候，你为什么在这样的时间拜访我？”

乔治满怀信心地盯着对方说：“您真的想知道吗？”

“当然，我想知道。”

“好吧，我是刚从雷丁乘车过来的，我有个约会是下午2点，有20分钟的空闲时间，因此，我想利用这短暂的时间来访问。” 稍作停顿，乔治又压低声音问：“贵公司大概没有把这种做法教给销售员吧？”

那位老板听到乔治的问话后，绷着脸看了销售经理一眼，过了一会儿，老板微笑着对乔治说：“多亏你，年轻人，请坐吧。”

这则案例中，乔治之所以能在20分钟内得到客户的认可，正是因为他抓住了一个商人的心理特点，从对方关心的问题——销售额上入手，并以此设置悬念，引导客户回答出：“当然，我想知道。”从而赢得了客户的好感。

同样，销售员采用这种方法，可以让客户放下心中的怀疑，与你心平气和地交谈，这样对彼此业务成功可以起到推动作用。

三、有所避忌，有些问题不可问

在和客户谈话的时候，有的东西是需要特别注意的：

（1）不要问及对方的花费，比方说别人衣饰的价钱、或送礼的价值以及请客所花的费用，这会让人觉得你触及他的经济能力或者怀疑他送礼的心意。

（2）不可以问女子的年龄（除非她是6岁或60岁左右的时候）。

（3）不可问别人的收入。

（4）不可详问别人的家世。

（5）不可问别人用钱的方法。

（6）不可问别人工作上的机密。“己所不欲，勿施于人”，凡事你不想让人知道的事你也应该避免询问对方，谈话的目的在引起对方的兴趣，而不是使任何一方没趣，能令对方滔滔不绝，是你说话的本领，也是你增广见闻的方式。

当然，在与客户沟通时，从客户感兴趣的话题提问也是有一定技巧的，如果用的不恰当，也是会起到相反的作用。很明显，向客户提问，令对方感兴趣的话题可以说俯拾皆是，关键在于要能够依照特定的情境去发掘，并且恰到好处地运用！

销售技巧点睛

1. 从大家都关注的一些话题入手，比如天气、体育、新闻等。

2. 向陌生人提问，可以通过借助其他媒介的方式，比如，对方手头的报纸等。

3. 可以谈及对方在行的话题，比如，他的职业、爱好等。

委婉探问，不知不觉中问出客户的经济实力

销售员都知道，客户是否有购买能力是判断其是否能成为我们准客户的一个方面。客户有购买需求、有购买权，但是没有购买能力，我们依然无法成功地销售出产品，对于分期付款的客户，也可能会免造成销售后的呆账或死账。因此，在销售前，

我们就应谨慎行事，在大型的购买活动中，要提前了解客户的经济水平和购买力，在确认你的潜在客户有这方面的预算后，还要对其一贯的信誉进行一番考察。我们考察客户的购买实力的一个重要的方法就是提问，但在提问时，一定要注意方式，最好以温婉探问的方式，尽量在悄声无息中了解，否则，很容易引起客户的反感，丢失生意。

一、看客户的穿衣打扮，委婉提问

一般情况下，人们的收入状况和经济水平，一定程度上是可以从其穿着打扮上看出来的。穿戴服饰质地优良、式样别致的客户，应该有较高的购买能力。而服饰面料普通、式样过时的客户多是购买力水平较低、正处于温饱水平的人。

为此，销售员通过观察客户的服饰打扮，大体上可以知道客户的职业、身份及购买力水平。比如，你在向客户销售一件衣服的时候，你可以先这样说："您今天的首饰真好看，好像是今年××杂志上的主打产品，是吗？"根据客户的回答，你大致就可以看出客户的购买情况了。

当然，这种提问方式并不是要我们以貌取人，而是帮助我们更清楚地了解客户的购买能力，不得不说，很多时候，一些穿着并不是十分耀眼的客户却常常能实现成交。

一天上午，某汽车4S店来了一位打扮不入时的先生。店内的销售员对这位先生上下打量了一番后，都没有主动上前为其服务。而销售员陈莹则不同，她走过去主动和客户打了招呼："先生您好，我是这家4S店的销售员陈莹，很高兴为您服务。"为了不打扰客户看车，做完自我介绍后的她就在一旁观看，并未出声。

就这样，这位先生一个人在店内转悠，一会儿说这辆车车价太高，一会儿又说那辆款式不漂亮。看到一旁的陈莹，他说："我今天只是随便看看，没有带现金。"

"先生，没有问题的。我和您一样，有很多次也忘了带。谁也不会身上随时带着很多现金，您尽量看，有什么问题可以尽量问我。"

"好的，谢谢你。"然后，稍微停顿一会儿，陈莹观察到客户有种脱离困境、如释重负的感觉。陈莹想：他是真的没带钱，还是没有购买能力呢？于是，针对这个问题，陈莹决定大胆地试探一下客户。

“先生，您有中意的车吗？”

“那辆奥迪不错。”

“是的，您的眼光不错，这辆车最近卖得很好。”

“是吗？可是，能分期付款吗？”这下子，陈莹明白了，原来客户是担心价格和付款方式问题。于是陈莹说：“当然可以，你现在就可以与我们签约。事实上，您不需要带一分钱，因为您的承诺比世界上所有的钱更能说明问题。”

接着，陈莹又说：“就在这儿签名，行吗？”等他签完后，陈莹再次强调说：“您给我的第一印象很好，我知道，您不会让我失望的。”

结果确实没令她失望，第二天，这位客户就带了首付提走了那辆车。

这则销售案例中，销售员陈莹之所以能轻松销售出去这辆车，是因为她和其他销售员不同，面对打扮不入时的客户，她还是愿意一试。并且，最可贵的是，她敢于主动试探客户，从而让客户自己道出了购买的顾虑——希望分期付款。

的确，客户的购买能力是决定客户是否能完成购买的关键因素之一，客户没有经济实力，即使他们的需求再强烈，也不会购买。对于这类客户，如果我们“纠缠不休”，不仅浪费时间，还会招致客户的厌恶。但有些销售员在遇到一些徘徊于类似于汽车店内的客户时，总是会以貌取人，妄下断言：光看不买，一定是买不起。这也是不正确的。因为也有一些客户更相信自己的眼光，需要多项选择。

可见，即使遇到了一些穿着不入时的客户，我们也应和案例中的这位汽车销售员一样，主动出击，巧妙地探问。

二、询问客户的职业，判断其购买能力

这天，家具店里来了一位年轻女孩，销售员晴晴赶紧迎上去，一番寒暄之后，晴晴了解到女孩是布置结婚新房，于是，接下来，晴晴就想试探地问：“张小姐，请问您在哪里高就？”

“哪儿算什么高就，我去年就辞职没干了，专心装修新房，幸亏老公的公司运营得不错，不然我也得上班。”

听到客户这么说，晴晴就大胆地为客户介绍了一些高端的家具，当然，最后这几单生意都成交了。

案例中的晴晴是个精明的销售员，她间接地问出了客户的职业——全职太太，这里，虽然客户张小姐自己没有工作，但是却有其丈夫这一经济后盾，因此，对方是有一定的经济能力购买高档家具的。

一般来说，人们的职业与收入状况和身份地位是吻合的，为此，你可以借机问客户："能多问一句，您在哪里高就？"当然，案例中的张小姐是个例外。

三、针对客户的支付计划进行提问

一位保险销售员去拜访客户，见到客户，他说："保险金您是喜欢按月缴，还是喜欢按季缴？"

"按季缴好了。"

"那么受益者怎么填？除了您本人外，是填你妻子还是儿子呢？"

"妻子。"

"那么您的保险金额是20万元呢，还是10万元呢？"

"10万元。"

我们可从客户期望一次付现，还是要求分期付款，或者从客户支付首期金额的多寡等，判断出客户的购买能力。

总之，销售员在对客户进行说服时，首先要弄清客户的经济水平，才能分析客户为满足自身需要能够接受的价格水平。但一定要注意提问方式必须委婉、有礼貌，太过直接、明朗会让引起客户的负面情绪！

销售技巧点睛

1. 销售员不要以貌取人，也不能戴着有色眼镜看人，否则会让客户产生反感。

2. 无论是衣着和职业，都不能断定一个人的购买能力，只是我们考察其经济水平的一个方面。

3. 直截了当地询问客户的购买能力时，一定要注意自己的提问语气。

积极提问，引导销售向好的方向发展

销售中，我们都知道，提问的好处多多，可以帮助我们挖掘出客户内心的真实需求。但事实上，提问也并非一件易事，因为我们的提问只有在发挥积极作用的前提下，客户才愿意回答。而这就要求我们多提积极的问题。因为通常来说，人们只有在积极的情绪下，才会逐渐消除对陌生的销售员的戒心，并乐于回答他们的问题。

一、以轻松的问题发问

以轻松的话题开头，最好不要涉及销售问题，这样可以打消客户的戒心和顾虑，使对方乐于与你交谈。当对方显露出需求，你再主动出击，将问题转变得较明确。例如：

“您好。是周经理吧，我是××公司的小王，您最近很忙吧？”

“是呀。”

“周总，端午节就快到了，不准备庆祝一下吗？”

“当然了，我们正在安排呢。”

“那我先预祝您节日快乐。”

“谢谢，您有什么事啊？”

“我们给您发过一份传真，说明了一下我们公司的业务内容，不知道您收到了没有。”

当然，以这种问法开头，要求销售员掌握在交谈中的主动地位，这样问的目的在于一步步引导客户，在客户肯定了销售员所有的问题后，自然会得出积极的结论，也就是购买产品。

二、多提开放性的问题

这个过程是在第一个阶段，也就是对话式的后一个阶段。这个过程中，销售员可以与客户进一步交谈，激发客户的交谈欲望，了解客户的兴趣、爱好乃至购买意向等，这个过程是为了帮助销售员进一步确定客户的需求。如果客户对你的交谈无动于衷，而当你说再见时，客户笑了笑，那么，可能你的交谈方式等出现了问题，与客户心中的理想模式有差距。

开放性的问题因为具有很大的回答空间，所以能激发客户的谈话欲望，让客户自然而然地畅所欲言，从而帮助销售员获得更多有效的信息。在客户感受到轻松、自由的谈话氛围后，他们通常会感到放松和愉快，这显然有助于双方的进一步沟通与合作。

通常来说，开放性的提问方式，有一些的典型问法，比如，“为什么……”“……怎（么）样”或者“如何……”“什么……”“哪些……”等。具体的问法就像案例中一样，需要销售员认真琢磨和多实践才能运用自如。

三、多问答案肯定性的问题

销售员：那么，你同意获得利润最重要的是靠经营管理有方了？

客户：对。

销售员：专家的建议是否也有助于获得利润呢？

客户：那是毫无疑问的。

销售员：过去我们的建议对你们有帮助吗？

客户：有帮助。

销售员：考虑到目前的生产情况，技术改革是否有利于生产一些畅销商品呢？

客户：应该说是有利的。

销售员：如果把产品的最后加工再做得精细一点，那是否有利于你们在市场上销售呢？

客户：是的。

销售员：如果在适当的时间，以合理的价格销售质量好的产品，你们公司是不是会得到更多的订单？

客户：会的。

销售员：如果你们按照我们的方法进行试验，并且对试验结果感到满意，你们是不是下一步就准备采用我们的方法？

客户：对。

销售员：那么我们现在可以先签个协议吗？

客户：可以。

在这个范例中，销售员就是通过逐步提问的方式，将客户的思维逐步引导自己所希望的轨道上来从而最终说服客户购买的。可见，销售过程中，销售员可以事先设计好话术，在交流中多提一些答案肯定性的问题，进而引导客户做出有利于销售的回答。

四、建议式提问

"您看您是年付还是季付？"

"您看您是亲自过来还是我给您把保单送过去呢？"

在交谈中，应避免用下面的方式：

"您看怎么办？"

"您看，还是尽快将字签了吧？"

采用提问的方式对客户提意见，比单纯的建议客户购买产生的作用更大、效果更好，因为虽然是提问，但最终的决定权还在客户手里，客户会有一种被尊重的感觉。

另外，与客户交谈快结束时，销售员也应多提一些内容积极、肯定的、让客户增强对产品信心的问题，以促使他下决心购买。例如："还有什么需要我来完成的吗？事实上，你只需在这里签个字，这张保单从明晨零点起就开始生效。"

1. 提问前首先要有能掌控整个销售局面的信心。

2. 开放性的问题可以获得大量的信息，但同时也容易偏离谈话的方向。

3. 要等到摸清楚客户的所有需求后才向客户销售产品，因为这样才更有迹可循。

拿捏分寸，别因提问引起客户的反感

在销售中，提问的能力与销售的能力是成正比的。可以这么说，问得越多，销售成功的可能性越大。但这并不意味着销售员可以随意地问客户问题，否则只会引起客户的反感。优秀的销售员往往会根据具体的环境特点和客户的不同特点进行有效的提问。的确，很多时候，提问能解决很多劝说解决不了的问题，但这并不代表所有的销售员都会充分利用提问的技巧来获得客户的认同，事实上，经常有一些客户在听到销售员对自己的几次提问后就变得厌烦和不快。这是为什么呢？因为这些销售员忽视了在提问时需要特别注意的一些事项——提问的分寸。

销售员要学会拿捏提问的分寸，以免引起客户的反感。在具体的销售中，要注意以下几点。

一、从不涉及销售的问题切入，让客户乐于回答

一个周末的早上，一个销售员按响了某家的门铃，开门的是男主人，他似乎不爱说话。当他把门打开时，这名销售员问道："家里有高级的食品搅拌器吗？"

男主人怔住了。这突然的一问使主人不知怎样回答才好。他叫来自己的夫人，和夫人商量了会儿，这位夫人有点不好意思地回答道："搅拌器，我们家倒是有一个，不过不是特别高级的。"

"我这里有一个高级的。"销售员回答说，说完，他从提包里掏出一个高级食品搅拌器。

接着，不言而喻，这对夫妇接受了他的销售。

一般地说，和客户打交道时，提问要比讲述好。在这则案例中，我们发现，销售员的提出的问题是简单明了的："家里有高级的食品搅拌器吗？"面对这样单刀直入、不涉及销售，甚至只需要回答"有"或者"没有"的问题，客户自然是乐于回答

的。当然，女主人更为详细的回答让销售员获得了更多的信息。可以说，他正是从一个小小的不涉及销售的问题入手，就极富杀伤力的“俘获了”客户。假如这个销售员改一下说话方式，一开口就说：“我是××公司销售员，我来是想问一下你们是否愿意购买一个新型食品搅拌器。”你想一想，这种说话的销售效果会如何呢？

销售中，我们提出的任何问题，最终都是为销售服务的。有些销售员，为了避免引起客户的反感，提问的时候，都尽量避开销售，但到最后却发现事与愿违，随着交谈的深入，话题逐渐偏离了销售的本来目的。但太过直接的问题，着实也容易引起客户的质疑。所以这就要求销售员一定要把握好提问的度，并适时地引导话题，从而使销售水到渠成。

二、尊重客户，话别随意说出口

“我这样讲清楚吗？”

“我都说了这么几遍了，你怎么还不明白？”

在上面两句话中，很明显第一句是最好的，因为这句话体现的是对客户的尊重，这句话的意思是，如果客户没有弄明白销售员的意思，则是销售员表达得不够清楚，客户自然能接受；而第二句中，销售员则把客户没有弄清楚的原因归结于客户，伤害了客户的自尊心，这样的话在销售过程当中是一定要避免的，因为客户会认为销售员在贬低、嘲笑他的智商，这样只会引起客户的反感。

三、站在客户立场上提问

采购部的云姐联系了两位相互竞争的销售员，想看看谁能最有效地帮助自己降低库存成本。她设定的范围是运用提问法沟通。

她先与小刘进行了谈话，让他说说他的产品可以如何降低库存成本。“机会难得，我一定要好好表现。”小刘心中暗想。于是，他向云姐阐述了他公司的产品是如何借助一个又一个的高科技手段，帮助她实现降低库存成本的目标的，就这样口若悬河地说了整整十分钟。但最后，云姐说自己需要一点时间来消化他提供的这些信息。实际上，她是需要点时间来摆脱这些枯燥的言论。

而第二位销售员小秦采用了截然不同的方法。在解释自己的产品可以如何帮助降低库存成本之前，他向云姐提出了一些至关重要的问题，比如，他是如何计算库存成本的。云姐只会有两种回答：（1）说明她的做法；（2）问清小秦的意图。当然，对于小秦来说，云姐的每个回答都有助于他的销售工作。

很明显，小秦得到了云姐的信赖，他更像一个顾问。的确，销售员要想卖出产品，就必须从客户的角度出发，先对客户的需求予以理解，然后才能根据客户的需求为客户“量身定制”其需要的产品类型等。这类销售员一般是被客户所信任的，因为这类销售员一般是从客户需求出发，把客户利益放在心上，寻求客户利益与自身利益的最佳结合点，而不是为了卖出产品而不客户户的需求，通常，客户会认为此销售员靠的是产品的价值而不是价格来打动自己，并会感到物超所值。所以，和案例中的小秦一样，如果你能站在客户的立场上提问，就可以达到双赢的目标。

可见，我们在提问的时候，也不要总是围绕销售目的与客户沟通，更要站在客户的立场上提问。

另外，对于某些敏感性问题要尽可能避免，如果这些问题的答案确实对你很重要，那么不妨在提问之前换一种方式进行试探，等到确认客户不会产生反感时再进行询问。

当然，在客户答话离问题太远时，还要用委婉语引导话题：“这些事你说得很有意思，今后我还想请教，不过我仍希望再谈谈开头提的问题……”自然地把话题引过来。问话时不要板起面孔，“笑容是你的财产”，微笑着问话，会使人乐于回答。

做到以上几点，我们大致可以把握住提问时的分寸了。

销售技巧点睛

1. 提问时的态度一定要足够礼貌和自信，不要鲁莽，也不要畏首畏尾。

2. 与客户初步交流，不可太过心急，一定要注意问题必须循序渐进地展开。

3.问话后我们要察言观色，从客户的表情、动作中获得信息反馈。

第6章

能说善聊，
巧嘴一开就能“迷倒”客户

巧用声线，客户听得动容更易成交

作为销售员，我们都深知一个道理：销售是靠嘴吃饭的，一个销售员的口才如何，直接关系到他的销售业绩和生存状况，而判断我们在销售中口才的标准就是能否让客户产生积极的响应。一些销售员有这样的疑问，无论我怎么努力劝说，但客户似乎并不感兴趣，这是为什么呢？其实，问题很可能出现在你的声音上，一个销售员在与客户沟通与销售产品的时候，客户了解你的最直接载体就是你的声音，如果你的声音有感染力，将对客户产生有利的影响。

希腊哲学家苏格拉底说："请开口说话，我才能看清你。"人的声音是个性的表达，声音来自人体内在，是一种内在的剖白，因此，你的声音中可能会透露出畏惧、犹豫和缺乏自信，也可以透露出喜悦、果断和热情。我们说话的声音，也必须和音乐一样，只有渗进人们心中，才能达到说服别人的目的。

一、把握好语速、音量以及停顿，让你的语调抑扬顿挫

三年前，李娜还是这家咨询公司的市场推广员，而现在，她已经做到了培训经理的职位。在销售行业的成功，得益于她出色的口才。公司的同事都说她的声音很好听，那么婉转、动听，让人听着很享受。

一次，她被派到日本的分公司进行培训工作。报道的第一天，日本的公司代表们就盛情邀请她演讲。当时，不会日语的她直接用汉语演讲。当地的日本同事似乎都听不懂汉语，虽说不了解她台词中的意义，却觉得听起来令人非常愉快。

李娜接着演讲，语调渐渐转为低沉，最后在慷慨激昂、悲恰万分时戛然而止。台下的观众鸦雀无声，同她一起沉浸在悲伤之中。而这时，台下传来一个男人的笑声，他是陪同李娜来日本的助理，因为李娜刚刚用汉语背诵的是一首中国的古诗，并没有演讲什么销售经典。

案例中，我们发现，一个人仅凭声音便可以感染他人，甚至可以完全控制对方的情绪。销售员若也能让自己的声音更有感染力，那么，你的销售业绩一定也能更进一步。

在增强声音感染力方面有一个很重要的因素，就是讲话的语速。如果销售员说话语速太快的话，客户不容易听清楚你要表达的内容，而且太快的语速还会给客户一种紧张感和压力感。可是，如果语速太慢的话，会给客户以啰唆、拖沓的感觉，而且太快或者太慢的说话速度都不容易激发客户参与到说话当中的积极性，这样很不利于销售员与客户之间的沟通。

音量的高低能够反映一名销售员的素养。音量太小，显得你信心不足，说服力不强。而说话自信，并不是要我们趾高气扬，因为音量太大、音量过高容易给人一种缺少涵养的感觉，会造成太大的压迫感，使人反感。

为此，在说话前，你需要先把你想说的要点想清楚，整理好自己的思路，并调整好自己说话的语调和音量，进而在谈话中使客户感到愉快。

二、满怀热情、让对方感觉到你的热情

珍妮是一名优秀的房地产销售员，很多客户购买了她所销售的房子后，仍然与她保持着密切的关系，有的甚至还成为她的朋友，并帮她做生意，她为什么能获得如此成功呢?

原来，珍妮在进行销售的工作中，不只是单纯地向客户销售房子，而是“送温暖到家”，真诚地帮助每一位客户，帮助他们解决生活中的麻烦。比如，她会经常给自己的客户打电话嘘寒问暖，定期到客户家中拜访，询问他们房子的使用状况。如果出现什么问题，她会及时帮助客户解决物业纠纷。此外，当她的客户乔迁新居后，她还会准备一份精美的礼物登门拜访，安排新住户加入当地的居民俱乐部，帮助他们融入全新的生活环境。珍妮的热情和细心，让她的客户们感动不已。于是，那些她服务过的客户，都会热心地把自己需要买房的亲戚朋友介绍给她。这样，珍妮的口碑越来越好，业务也就越来越兴旺。

人们在需要他人帮助的时候，是最容易感动的，这就是珍妮选择雪中送炭的原因。当这些客户感激涕零后，与销售员珍妮的关系也由单纯的业务关系上升到朋友关

系，自然也就愿意帮助珍妮。可见，与人为善，用温情打动他人，不但能为你赢来好人缘，还能帮助你敲开客户的心灵。

在与客户交流时，如果你语言死板，不苟言笑，客户是不会买你账的。也就是说，你没有热情，他们也会失去热情。为此，你需要时时提醒自己要保持热情，不仅是对客户的热情，更重要的是对销售工作、对生活和生命的热情。因为热情是这个世界上最有价值的也是最具有感染力的一种情感。

当然，太热情了也不好，因为凡事都应有个度。人是有差别的，有的人喜欢跟热情的人交流，有的人却不喜欢跟太热情的人打交道，这跟人的性格有关的。销售员也要根据客户的性格来做改变。

三、自信、愉快的笑声

身体语言中最重要的就是一定要微笑。作为销售员，如果你是一个内向、冷漠的人，不妨经常抽出一些时间来对着镜子笑一笑，早上起床时也可以对着镜子笑一笑，逐渐使自己的面部表情丰富一些，并养成微笑的习惯。

好口才离不开富有感染力的声音，如果你能做到以上几点，大致就可以打动客户！

销售技巧点睛

1. 销售员说话简洁清晰、不要啰唆，不要说一些无关紧要的话，反复重复自己的话更是不自信的表现。

2. 要善用停顿，适当地停顿一下就可以更有效地吸引客户的注意力。

3. 在与客户沟通时，要充分尊重客户的人格和习惯，绝对不能讲让客户丢面子的话。

选择开口时机，说得多不如说得巧

每个销售员都希望自己能拥有一副好口才，但好口才有一个重要原则，那就是说出对客户胃口的话，包括什么时候开口，什么时候闭口，开口该说什么，不该说什么等。可见，口才重要的不在于说“多少”，而在于是否说得“巧”。那些精明的销售员最大的特点就在于善于察言观色，并懂得见缝插针，找准时机说出让客户乐于接受的话。

一、察言观色，找准时机

陈丽是一名市场营销专业的刚毕业的大学生，在不到半年的工作中，她已经积累了不少销售经验。她所在的是一家化妆品公司。

有一次，店内来了一位中年女士。客户进店后，陈丽并没有跟在对方后面不停地介绍，而是把主动权交给了客户，自己站在一旁观看。后来，客户终于停下了脚步，对柜台上的某件产品很感兴趣，拿着一套化妆品翻来覆去地看。陈丽非常高兴，觉得眼前这位小姐一定是个准客户。但她还是不动声色，在一旁观看客户的脸色和神情。

果然，过了几秒后，客户抬起头，好像在寻找销售员的帮助。此时，陈丽才走过去，为客户介绍化妆品的优势和特点。

“这个产品我用过，很不错，帮我包起来吧。”这是这位女士的结论。最终，她买下了这套化妆品。

事后，同事问陈丽：“店里来了客户，我看你也并不热心，怎么就这么轻松地搞定客户了呢？”

“一般来说，这般年纪的女士，对化妆品都很了解，我不必喋喋不休地介绍，这样反倒招致客户的反感，你们也听见了，她说她用过那款产品。另外，我站在一旁，并不是不关心客户，而是在观察，客户由低头审视产品到抬头，说明她已经产生了心理的变化，她在寻求帮助，我这时候再出现，不是恰逢时机吗？”听完陈丽的这番陈述，同事们一个个佩服得五体投地。

我们发现，案例中的化妆品销售员陈丽是个精明的人，她并没有花费过多的精力，就轻松地搞定了客户，这是因为她懂得观察和见缝插针，在关键时刻才站出来为客户解说产品。而相反，一些销售员无时无刻不在发挥自己的口才，但似乎并不见多少成交。这是因为他们只顾从自己的角度介绍产品、发挥自己的口才，而没有观察客户，说出客户真正想听的话。拿化妆品而言，你的产品即使再好，如果不能解决客户存在的皮肤问题，那么，即使你说得天花乱坠，也不能说服客户购买。

可见，如果一个销售员懂得有的放矢地说话，即使辞藻不多，也能说得客户心服口服。

精于口才者，最擅长察言观色。很会说话的销售员，无论在自己说话的时候，或是对方在说话的时候，他们的眼睛总是随时地留意着对方的表情、眼神、姿态以及身体各部分的细节变动，随时判断谈话的状态、对方的心态、表达的意思等，然后再将自己的观点、看法得体地说出来。

二、别太心急，听完再说

亚飞是一名保险销售员。最近，他通过调查，某大公司董事长张先生在市郊购买了一套别墅，还没有上保险。这天，亚飞来杨先生家销售保险。可是，却遇到了这样的事情：

张先生有个七岁的儿子，很调皮，父母出门后，让他在家看电视，可是回来的时候，却发现，小家伙不见了，这可吓坏了张先生和他太太。于是开始分头去寻找。他们还报了警，郊区本来就很大，找个小孩更是很难，但还好，警察和周围的一些居民也开始帮忙寻找。

亚飞看到这一幕，认为这正是销售人身和财产保险的时候，于是他凑到张先生跟前，开始销售他的保险，张先生很生气，没好气地说：“拜托，等我把儿子找到再说好吗？”

谁知，亚飞很不识时务，不但没有帮助张先生找孩子，反倒继续喋喋不休地大谈保险的种种好处。这下可把张先生气坏了，他太太更是生气，张先生忍无可忍地对亚飞大吼：“你如果肯帮忙把我儿子找回来，那么保险业务的事情咱们日后找个时间再谈。但是，我警告你，你现在要是再跟我提什么见鬼的保险业务，就请你先滚出去！”销售员亚飞被客户张先生说得面红耳赤，夹着公文包灰溜溜地走了。

事后找到儿子的张先生越想越生气，甚至开始痛恨这个根本不关心别人安危，只知道销售保险的亚飞。当他打听到亚飞的底细后，由于好歹在商界有一定的名声，他跟很多经理和老板打了招呼，绝不买亚飞销售的保险，这下亚飞的业务就可想而知了。

案例中的保险销售员亚飞在销售行业有如此结果，是因为他太急于求成：即便在错误的时机下，他依然喋喋不休地销售自己的保险产品。如果销售员亚飞能先不着急开口，先帮客户找到孩子，那么，客户一定心存感激，事后再商量保险的事，说不定结果会大大不同。

事实上，在沟通中，不少做事鲁莽的销售员往往都会这样，当他们发现客户提出问题的时候，就立即接过话题，并极力解释，但很快，他们会发现，客户又有新的问题需要解决，你再解释，如此延续……最后客户没问题了，但却这样告诉销售员：“我再考虑考虑吧。”因为客户觉得，自己仍然在还有许多需要解决的问题，只是他暂时想不起来而已。

所以，我们在与客户沟通的时候，一定要把话语权充分交给客户，让其一次性把想问的问题问完，哪怕他说的是错的或是对你公司误解的问题，在这过程中你可以有较充足的时间考虑回答方式。然后你说：“您还有问题吗？”“好，您看您比较关心的是：……然后……”如果你是在电话沟通，也要将客户提出的一系列问题逐一记下来。总之，我们要记住：把客户问题打包解决，而不是一条一条，疲于应付。

总之，口才绝不是只凭两片嘴皮子，而是一种综合能力的体现。一个善于说话的销售员，必须具有敏锐的观察力，能深刻地认识事物。只有这样，说出话来才能一针见血，对准客户的胃口。

1. 恰当的销售商时机是客户在急需寻求帮助时。

2. 客户脸部的肌肉突然由紧绷到放松，说明他的心情也有所缓和，对是否购买产品也已经有所决定。

3. 如果客户由认真倾听变成东张西望，那么说明他已经对你厌烦了。

运用修辞手法，让客户听得明白尽兴

语言的力量是巨大的，它可以把两个陌生的人由陌生变为熟悉，由熟悉变成知己或亲密的朋友。在销售的过程中，更是如此，即使没有门路，也能打开销售之门，为我们赢得一个良好的销售局面……但实际销售中，我们却常常听到这一类的抱怨，“这年头，客户怎么都这么难搞定啊？”的确，但那些不会说话的销售员，通常在表达的时候，语言干涩无味，让人听了昏昏欲睡，更没有继续交谈的欲望。而如果我们能巧妙运用比喻等修辞手法的话，就能立刻让你的表达炫丽起来。

一、掌握一些基本的修辞手法的运用原理

比喻：是找出两个事物之间的相似点，有相似点才能构成比喻，另外比喻就要有本体、喻体和喻词；比喻可以使被描写的事物形象鲜明生动，加深人们的印象，用它来说明道理时，能使道理通俗易懂，便于人们理解。

排比：把结构相同或相似、意思密切相关、语气一致的词语或句子成串地排列起

来的一种修辞方法。它能够使句子结构整齐，语调协调，说理周密，表现充沛，论证雄辩，气势磅礴。

夸张：运用丰富的想象，在客观现实的基础上有目的地扩大或缩小事物的形象特征，以增强表达效果的一种修辞方法。

借代：不直说事物的名称，而是用与本事物有密切关系的事物来代替本事物。

双关：在一定的语言环境中，利用语义和语音的条件，有意使语意具有双重意义，言在此而意在彼，这种修辞方法就是双关。

二、变换我们常用的销售语言，充分发挥我们的想象力

程龙是一名建材销售员，销售能力很强，生意红红火火，因此，常有同事开玩笑说："此程龙也不亚于彼成龙啊。"他的业绩与他的说话能力是分不开的。

有一次，他得知某建筑公司要采购一大批建材，程龙想，这可是一大笔生意，一定要把握好。但他同时又得知，这家公司的采购经理是个很冷漠的人，无论销售员说什么他都听不进去，每次采购都是自己经过多番调查才下决定。程龙决定会一会这位采购经理。

这天，他来到这家公司，看到这位经理忙得不可开交，就没有说什么，而是静静地等在门外。到了下班时间，他主动走进去，对这位经理说："采购工作好不好做？"

"你看我这样子好吗？"这位经理耸了耸肩。

"你今天已经算是幸运的了，可以待在办公室，一般的情况是：出门是兔子，办事是孙子，回来是骆驼。"

这位经理听完后，哈哈大笑，主动邀请程龙坐下。第二天，该经理就把这笔大宗的买卖交给了程龙。

很明显，我们发现，销售员程龙之所以能获得客户经理的好感，是因为他那句颇有意蕴的比喻句："出门是兔子，办事是孙子，回来是骆驼。""兔子"是指出门为了抢时间赶车赶船跑得快；"孙子"是指为了买到所需货物不惜请客送礼，点头哈腰地向人家求情；"骆驼"是指回来的时候不仅要办好货物托运还要给老婆孩子买东西，负载很重。他用形象的比喻说明采购工作是个吃苦受累的活，表达了对客户的理解，客户“哈哈大笑”也就不足为奇。

有时候，我们的销售语言之所以会平淡无奇，是因为我们束缚了自己的思维。而假如我们能在销售语言的训练中，转换角度分析，比如可以从意义方面入手，也可以从形式方面入手；可以着眼于词语，也可以着眼于句式。这样，我们会发现，同样一句话就会出现完全不同的表达效果。比如，销售中，我们原本想赞美客户年轻美丽，通常我们会说：“您身材真好……”但如果我们转换一种说法：“我听说有‘画中仙’之说，原本还以为是夸张呢，今天算是见识到了。”通过这样巧妙地运用修辞手法，说出的话更显得动听，客户自然也就更容易接受。当然，我们表达之前，最好做一番铺垫，否则会显得唐突。

三、根据具体的销售环境，灵活运用，随机应变

玛丽女士是一家大型化妆品公司的总裁，虽然这家公司成立的时间不长，但却发展迅速。每每提到自己的成绩时，玛丽女士都很感激自己的两个助手：琳达和文森。的确，他们为公司的发展立下了汗马功劳。因此，玛丽女士很信任他们，并把他们当成自己的“左右手”。不过，相比之下，玛丽更器重文森，他比琳达更聪明，思维更活跃。只是年轻好胜的他很爱闯祸，不过他却从来没有出现过麻烦缠身影响工作的情况。

文森有个好朋友叫霍华德。霍华德是当地著名的律师，他在法律界可谓战无不胜，而且办事效率很高，所以文森称他为“快枪霍华德”。但上天毕竟是公平的，他有着超乎常人的才能，却没有与之相匹配的相貌。而实际上，霍华德确实是个长相丑陋的人。

一次，玛丽女士举办了一个大型研会，宴会前，她告诉文森可以带上自己的好朋友们，文森当即就想到了自己的铁哥们“快枪霍华德”。

宴会上，霍华德问文森哪个是玛丽女士，于是文森指给了霍华德。不一会，霍华德手里拿着酒杯走到了玛丽对面，对她问好：“亲爱的玛丽女士，您好。”玛丽看见来者先是一怔，她身旁的朋友也意识到了来者的相貌很影响气氛，玛丽随即问了一句：“你是谁？”这句话使这种紧张的氛围加重了。

正当人们犹豫的时候，霍华德说道：“您好，我是您左手握着的那把快枪。”玛

丽恍然大悟，感觉很失敬，连忙微笑着与霍华德握手，周围的人也都笑了起来，同时对这名没有谋过面的著名律师赞许有加。

在特定的环境下引用别人的话语、格言，可以起到幽默的效果。这里，霍华德使用的便运用了这一方法。

可见，采用修辞能将抽象难懂的问题具体化，能使深奥的语言变得浅显易懂，同时还能给枯燥干瘪的语言润色，使其变得更加丰满，另外还能产生让人们联想的“弦外之音、言外之意”。销售中，我们在表达的时候，若能正确运用恰当的修辞手法，一句干涩的语言就会顿时形象、生动起来！

销售技巧点睛

1. 大胆开口，才能灵活运用语言的艺术以及各种修辞技巧。
2. 看人说话，跟不同的客户应使用不同的修辞手法。
3. 多做语言积累，才能在关键时刻信手拈来。

语气神态，相互配合
获得客户更信任

人是情绪化的动物，一般来说，人们的情绪，包括喜、怒、哀、乐，往往会直接表现在脸上。因此，生活中，我们可以通过观察人的面部表情，可以得到许多关于此人的信息。作为销售员，我们在与客户打交道的过程中，不但要观察观色，以揣测对方想法，更要注意让自己的语言、语气与神态配合恰当，这样才显得更真实。因为

主动、热情、耐心、周到的服务态度，不仅要由口头语言来表达，还要与其动作、神态、耐心、周到的服务态度互相配合地表现出来，才能达到语言、动作、神态三者的和谐统一，以取得服务态度最佳的效果。

一、语言生动、语气亲切

采用生动、形象的语言，并采用亲切的语气，这样才能使客户感到愉快，从而对销售员产生信任。生活中，有些人的防范和自卫意识比较强，当销售员上门销售的时候，他们会很紧张、不安甚至害怕，更是本能地拒绝。其实，对陌生人的防御心理，每个人都有，只不过轻重不同罢了。面对抵制心理严重的客户，销售员要特别注意自己的态度和用词，使用舒缓、友好的语气与客户交流，营造出轻松、活跃的销售氛围，让客户体会到亲切感，并以实证来赢得客户的信任。当信任感与安全感在客户心里渐渐增加，其防范心理也就慢慢消失了。

在与客户沟通的过程中，要让客户感到销售员是诚实的，客户是不愿意和一个虚伪狡诈的人沟通的。因此，销售员说话一定要恰如其分，符合双方的身份，不然，就会引起客户的反感。

二、态度诚恳

玩具公司的销售员周康第二次来拜访一位客户，在第一次登门拜访时，周康已经获得了客户的肯定，这次，他带着公司的玩具样品，准备与客户进行下一步洽谈。但是，客户在看过周康带来的样品之后，却提出了一些反对意见：

客户：“不得不说，你们公司的产品在细节上做得不是很完善啊，这与你们所宣传的有出入。”

周康：“我想您在玩具制作方面应该可以称为专家了。一个玩具公司能够拥有好的口碑，仅仅靠公司的宣传是很难达到的，好的质量和工艺才是关键。像您所说的，我们公司能够拥有较大的影响力正是由于产品质量优良、工艺精湛啊。对于产品的细节问题，您尽管提出来，我们公司一定会为您提供满意的解决方案的。”

客户：“细节问题很多了。就像这款样品，上面还有一些针脚问题，虽然问题不大，但是对于玩具来讲，这就是个大问题。二手货和折价产品也不过如此了。”

周康："原来您是在说这个问题啊。不过您可能误会了，我给您拿来的只是一个样品。在我们与客户谈判时，样品难免会被反复挪动和试用，所以就会造成一些划痕。但是对于您定的货，您完全可以放心。如果产品有问题我们将承担全部责任。"

客户："哦，是这样。那么。产品的色差又怎么解释呢？"

周康："您真是个细心的人，其实像这种布娃娃的颜色与其所在的环境有很大关系。如果光线较暗、环境亮度较低，那么在拍摄的效果中颜色就会暗些。所以，很多厂家在给玩具做宣传画册的时候，一般都会特意设计一些灯，都是为了突出效果考虑的。"

客户："哦。但是你们的产品还是有一些问题……"

周康："其实非常感谢您，为我们的产品提出这样的宝贵意见，这对我们有效改进工作都有很大的帮助。你看这样好不好，我把您提出的问题都写在订单上，然后让生产部门按照您的要求进行处理。保证在交货期之前让您看到完全满意的商品，你看怎么样？"

经过周康妥善的处理，客户已经决定订购该玩具公司的产品了。

案例中的销售员周康能消除客户的意见，在产品有些小毛病的情况下，仍然劝服了客户购买，主要是与其态度有很大关系，他用谦虚、诚恳的态度打动了客户。的确，无论在什么时候，保持良好的服务态度，都是销售员取得销售成功的一个重要原因。

三、要配合适当的表情和动作

陈进是一名刚踏入销售行业的销售员，一切还在学习阶段，因此平时工作很努力，从不敢怠慢客户。

有一天，他和女朋友吵架了，那天，他本想请假的，可是公司临时派他和一位同事去拜访一位客户，他无法推脱，就硬着头皮去了。由于天气炎热，再加上他心情不好，他一路抱怨："这活儿可真不是人干的，挣不了多少钱，还得这么受累。"

见到客户后，陈进努力克制自己的情绪，和客户商量合作事宜。由于对陈进所在公司销售的产品比较信任，也合作过多次，对方并没有刁难他们，很快便答应购买，只差签约手续，陈进终于松了一口气，最后他说："王总，您看，我们什么时候签约？”在说这句话的时候，陈进的表情痛苦极了，不幸的是，他的表情被客户捕捉到了。

“再说吧……”

听到这些，陈进觉得有些莫名其妙，但最终，这位客户并没有购买产品。

这则销售案例中，客户之所以最终放弃购买，就在于销售员陈进最后那个痛苦的表情，这让客户心中也不悦，不免产生了对与自己合作的销售员的种种猜疑。

我们都知道，与客户沟通，要注意措施和语气，这一点固然重要，但如果说话时表情冷漠，动作呆板，那么，即使再生动的语言也不能起到良好的沟通效果。因此，我们同样要重视表情和动作的作用，讲话时一定要配以自然的动作、亲切的表情，使客户心情愉快，但切忌不可夸张或矫揉造作，以免引起客户反感。

销售技巧点睛

1. 迎接客户时，要面带笑容，不可上下打量、眼神游离。
2. 介绍产品时，销售员的眼神要炯炯有神，以表现出对产品的自信心。
3. 客户试用产品时，销售员不可不耐烦。

沉默是金，以静制动是高明的销售技巧

《道德经》曰：“虚而不屈，动而愈出。”这句话告诫人们要学会“抱朴守静”，以观其动，只有把激烈的情绪平息下去，以一种清静、冷静的心态，敏锐地观

测事物的运动变化，才能抓住突破口，迅速攻击，克敌制胜。这句话同样适用于销售。而事实上，很多销售新手的最大弱点是不能耐心地听对方发言，他们认为自己的任务就是谈自己的情况，说自己想说的话和反驳对方的反对意见。因此，在谈判中，他们总在心里想下面该说的话，而不注意听对方发言，许多宝贵信息就这样流失了。

可见，在具体销售中，说得多不一定与销售成果成正比，甚至可以说是“多说无益”。而实际上，如果我们懂得适时沉默的话，可能会有不同的成效。这也就是人们常说的“留白”。

一、意志坚定，坚持自己的立场

销售中，我们经常会遇到这样一类难以搞定的客户，他们对我们的产品显示出一副可买可不买的态度，而对我们报出的价格也是不置可否，甚至表明自己和目前的供应商合作愉快，不需要更换合作方。面对这种情况，一些销售经验尚浅的销售员，就会站不住立场，做出让步；也有一些销售员，则轻信了他们的话，失掉了这笔生意。

事实上，客户这么说，只不过是想退一步，进而了解你的底线，所以无论出现何种情况，你都再坚持一下，这对你不会造成什么损失。就在你即将放弃的前一秒钟，通常他们会问：“你的最低价格是多少？”这才是他们的本质意图，在这之前复杂的铺垫就是为了这句话。

美国大发明家爱迪生曾经也做过一笔生意：

当时，爱迪生已经是一位小有名气的发明家了。当他发明了自动发报机之后，为了能获得一笔建造新的实验室的经费，他准备卖掉这项发明以及技术。但一个把大部分时间花在实验上的发明家哪里知道当时的市场行情，他根本不知道这项发明能卖到多少钱，于是，他叫来自己的妻子米娜，准备与其商量下。而米娜也不知道这项技术究竟能值多少钱，她一咬牙说：“要 2 万美元吧，你想想看，一个实验室建造下来，至少要 2 万美元。”

爱迪生笑着说：“2 万美元，太多了吧？”

米娜见爱迪生一副犹豫不决的样子，说：“我看能行，要不然，你卖时先套套商人的口气，让他先开价，然后你再说价。”

后来，纽约有一位商人，一听说爱迪生要卖自己的这项发明，激动之余很快便与爱迪生联系。谈判后，这位商人很快进入主题，问及发明的价钱。因为爱迪生一直认为要 2 万美元太高了，不好意思开口，于是只好沉默不语。

接下来，商人几次追问，爱迪生始终不好意思说出口，正好他的爱人米娜上班没有回来，爱迪生甚至想等到米娜回来以后再说价钱吧。

最后商人终于按捺不住了，说：“那我先开个价吧， 10 万美元，怎么样？ ”

爱迪生一听很震惊，甚至大喜过望，不假思索地当场就和商人拍板成交。后来，爱迪生对他妻子米娜开玩笑说，没想到晚说了一会儿就赚了 8 万美元。

案例中，爱迪生之所以能得到比预期多出的8万美元，就是因为他保持了沉默，起到了以动制静的效果。俗话说：沉默是金。销售员在与客户交谈有时也需要沉默，因为当你沉默时，会让客户觉得你实在为难，无法答应他的要求，这样，以静制动，你会取得较多的利益。要知道，口若悬河并不是真正的口才。

二、要沉默有度，不能失掉生意

一个在销售中一语不发的人怎么可能达成交易？和客户比耐心固然没错，但一旦客户做出一些合理的让步：“好吧，我再让步5%，这是最后的让步，如果你不同意，那么现在就终止谈判。”我们就要识时务，做出回应。如果你继续沉默，那么，很可能会让客户认为你已经无意于这笔交易。

有一位姓张的老板，办了一家大型的工厂，因为经营不善，不到一年的时间，生意就很冷清。很快，张老板的工厂办不下去了，员工的工资也发不下来了，于是，张老板想改行做其他生意。但现在的当务之急是卖掉以前工厂的器材，其实，张老板还是想卖个好价钱的，毕竟，器材都还是很新的，但是由于要及时给员工发工资，所以张老板心想：“能卖多少算多少吧，这钱要尽快到手，能卖到4万元最好了，如果别人压价压得狠，3万元我也咬牙卖了。”

终于来了一位买主，但是这位买主想尽量压低价格，于是，他在看完机器后，挑三拣四地说了一大通，几乎没有停过。张老板知道这是压价的前奏，于是耐着性子听完对方滔滔不绝的埋怨。

买主终于转入正题：“说实在话，我不想买，但要是你的价格合理，我可以考虑一下，你说个最低价吧。”

张老板静静地思考着：“忍痛卖还是不卖呢？”就在他沉默地那几秒钟，他听到了一句话：“不管你想着怎么提价，首先要说明的是，我最多给你6万元，这是我出的最高价。”

结果可想而知，因为沉默的这几秒钟，张老板就多卖了3万元。

巧舌如簧并不是什么时候都收到最佳效果。销售本身就是一场心理战，在你没弄清对方的意图前不要轻易地表态。因为沉默不仅能够迫使对方让步，还能最大限度掩饰自己的底牌。一般来说，作为买卖双方，在内心都有自己理想的成交方式，即使对于同一个问题，一般也总会有两种解决方案，即你的方案和对方的方案，你的方案是已知的，如果你不清楚对方的方案，则务必要设法了解到对方的方案再做出进一步的行动。

总之，我们在销售中，不要误以为滔滔不绝才能显示我们的语言水平，适时地沉默，引而不发，可以以一种特殊的心理状态，攻破对手的心理防线，从而成功地达到销售目的。

1. 保持耐性，才能坚守立场。

2. 不要总是试图用你的口才去劝服客户。

3. 对于客户的拒绝、刁难，销售员应戒骄戒躁，以一种平和的心去与客户沟通。

第7章

谨思慎言，
不可触犯销售中的语言禁区

客户问题，不必乖乖地一一作答

任何一位销售员都希望销售过程顺顺利利，都害怕客户的刁难或者至拒绝，但这却是不可避免的，任何一次销售活动，都不可避免地存在客户的异议。甚至可以说，销售员碰到客户拒绝的可能性远远大于销售成功的可能性。实际上，出于对销售员的防备之心，人们除非对产品很感兴趣，否则，拒绝都是他们的本能反应。即使他们对产品感兴趣，他们也会提出很多让销售员无法回答的问题，而有时候，面对客户的某些看似反驳或者拒绝的问题，我们不必要一一作答。

研究表明，客户拒绝销售员往往是习惯使然。这和大众的性格有关，大家一般都会对现状并不满意，渴求改变，但同时又对新事物抱有抵抗情绪，出于对新事物的不够了解和不能把握而排斥新事物，大多数情况下宁可维持现状。

所以，销售员在和客户沟通的过程中，面对客户提出的一连串问题或者反对的话，我们完全可以忽略，如果纠缠在这些问题上，只会阻挡我们销售的进程，我们要做的就是越过这些问题，深入进去，找到客户拒绝的真正原因。具体来说，有以下几种情况：

一、客户对产品感兴趣，却指出产品的某些小问题

某客户来到一家工艺品店，很快，他看上了一套摆在货架中央的工艺品。

销售员：“先生，这套工艺品您觉得怎么样？”在销售员说此话时，客户上下打量着工艺品，露出很欣喜的表情，但奇怪的是，客户却这样回答销售员：

“你们这工艺品的做工实在很差，我真不知道，这样的工艺品，你们也敢拿出来卖？”

销售员：“谢谢您的建议，在工艺品的做工方面，我们会尽力提高的。您能否对我们产品做工提些具体的建议，比如，哪些方面的做工存在问题呢？”

客户："它的厚度太低了，我觉得这个很不结实。"

销售员开始向客户介绍说轻薄恰巧是该产品的最大特色等，看到客户听得聚精会神，十分专注的样子，销售员说："先生，这套工艺品的制作工艺非常精湛，您刚刚一定也通过我的介绍对它有了一定的了解。我想您是否还有些其他方面的问题呢？"

客户："这个，我觉得颜色也不太好啊。"说此话时，客户的眼睛从没离开过产品，并且流露出喜欢的目光。

销售员："先生，这套工艺品是限量生产的，现在就剩下一套了。收藏的话可以说就是绝版了。而且，如果您的书房能摆上这么一套制作精良的工艺品，一定会给您增添不少乐趣。"

客户："这倒是，那你们能不能给我打个折？"

销售员："这请您放心，凡是来购买我们产品的，都有八折优惠。"

最终，这位客户购买了这套工艺品。

我们可以看出，销售案例中，这位客户是精明的，看上了产品，却并没有表现出来，而是称产品做工差，他对产品挑剔，无非是希望销售员能为自己打个折。正是看出了客户对产品的喜爱，销售员首先肯定客户所谓的"意见"，然后引导客户说出具体的"做工差"的表现，但实际上，销售员并没有直接回答客户的这些问题，而是抓住客户想购买的心理，以"限量生产"的回答来激发客户的购买欲。而最后，客户终于说出自己的真实是意图，而很明显，他的顾虑是多余的。

在销售员和客户沟通的过程中，往往会遇到很类似这样的问题，比如一位客户似乎对一款家电感兴趣，但在购买决定做出前，突然指责家电上的一些小问题，其实客户所指出的问题，最大可能是他想要降价的借口，而不是问题本身。这样的异议是不需要回答的，如果解释和争辩只能使问题越来越乱。

二、客户称：我没钱

有个叫马涛的研究生，毕业后就被一家大型的保险公司录用，被任命为总裁助理。但正式上任前，公司领导层考虑到他对保险行业的生疏，决定先让他熟悉一下市场，在基层先做几个月。也就是说，刚开始的几个月，他要和底层的保险销售员们一起跑业务。为了有个好的开始，他参加了公司的各种培训课程，也让前辈教了自己各种业务技巧，但他并没有获得大家想象中的成功。最后，公司也解聘了他。为什么会出现这样的情况呢？

原来，他有个致命的弱点，那就是无法接受客户的拒绝：当他面对客户时，如果客户直截了当告诉他："我没钱买保险。"他心想，没钱还能怎么样，算了呗。于是就放弃了更进一步的销售。结果，客户都是愤愤地离去。

其实，案例中的马涛之所以不能成功，是因为他无法摆正心态，无法接受客户的拒绝，面对客户"没钱"这一无关痛痒的拒绝原因无法做出回应。实际上，让客户发现自己的需求，收回其"不需要""不感兴趣"等拒绝原因，正是我们销售员的工作，而不是用言语进行辩解。

不得不说，没钱很多时候只是客户的一种借口，如果客户对产品的需求是强烈和必需的，由此产生一种"紧迫"的需求，没钱的借口就不攻自破。因此，销售员不必因为客户提出"没钱"的异议就否定这次的销售。如果出现了这种情况，只说明你对客户的需求启发不够，没能让客户对产品能为其带来的益处了解透彻。

三、客户称：我只是看看，不想买

有些客户在刚与销售员见面时，便会先发制人地说："我只是看看，不想买。"或者称"我不需要"，这是销售员在销售开始经常遇到的客户的拒绝方式，人们似乎已经把其当成一种拒绝销售员的口头禅与挡箭牌。

有统计数据表明，将近80%的客户对现有的产品或者服务感到不满意，但却不想采用任何措施去改变现状；有85%的客户实际上没有非常明确的需求。

事实上，这类客户虽然持否定态度，但这只不过是一种心理抗拒的表现。一般来说，对于客户的这种态度，我们不必在意，因为他的话并非出自真心。只要我们主动一点，主动亲近客户，那么，他的防备心自然就消除了，因此，可以说，这类客户是最易成交的类型。

1. 敏锐观察，学会判断客户拒绝背后的意义。

2. 客户明知故问的发难，容易造成争论的问题也是我们不必一一作答的问题。

3. 学会沉默和假装听不见、转换话题都是我们对付客户虚假异议的方法。

说话简练，谈吐专业才能得人心

人们常说："做销售，要想把产品销售出去，首先就要把自己销售出去。"此话不假，表面上看，客户购买的是我们的产品，但这是建立在客户对我们信任的基础上的。同样，我们在与潜在客户接触、进行客户开发的时候，也只有获得他们的信任，才能真正将销售进程推进一步。要做到这一点，凸显自己的专业素质必不可少，因为没有一个客户愿意与一个对产品不熟悉、说话模棱两可的人合作。

而现实销售中，一些销售员在与潜在客户沟通的过程中，为了能让客户接收到关于产品的更多的信息，常常不客户户感受，一味地表达自己的观点，但却常常事与愿违，让客户生厌。通用电气公司的一位副总经理曾说："在代理商会议上，大家投票选出导致销售员交易失败的原因，结果有314人——也就是一多半的人认为，最大的原因在于销售员喋喋不休，这是一个值得注意的结果。"

可见，谈吐不专业、喋喋不休等是销售员在接近客户的过程中最容易犯的一个错误，同时也是销售的大忌。所以，销售员在了解和掌握足够的产品信息的同时，也十分有必要培养和锻炼自身的语言组织和表达能力，尽可能地用最清晰、简明的语言使客户获得其想要知道的相关信息。

一、有针对性地沟通，了解客户需求

某商场名表专柜来了一位年轻时尚的男士。

销售员："这位先生您好，我是××专柜的销售员，很高兴为您服务。"

客户："你好！"

销售员："我看先生的气质不凡，品位高雅，一定要买一只相匹配的名表。"

客户："哦。"

销售员："每个品牌的表都有不同档次，我们的产品也是，我建议先生还是佩戴一定档次的表。"

客户："嗯。"

销售员："我们品牌××系列产品，很适合您这样的商务人士，更能凸显您的气质。首先，它的表面是采用……其次，它的机芯是……"

客户："对不起，我今天还有点事，回头有时间再来吧。"

上述这位销售员犯的最大错误就是：不客户户的感受，一味地阐述自己的观点，让客户购买。但销售活动并不是销售员一个人的事，你说的任何话只有对客户产生积极的听觉效果，才能促成购买。如果你的话啰唆不断，没有重点，不仅耽误了客户的时间，还会显得你没有过硬的专业素质。

销售员在与客户沟通前，应该对客户的自身情况做尽可能多的了解，从而了解客户的思想、需求、愿望、不满和抱怨，甚至客户的气质等重要信息，从而有针对性地对客户进行沟通和鼓动，从而利于商品销售。

二、语言精练，体现专业素质

销售员："××先生，您好！我是××公司的坐席代表，为了感谢您对我们公司的一贯支持，最近，我们推出了一项新的业务套餐，这项套餐中有很多功能，很适合您这样的成功人士：第一项功能是隐藏电话号码，第二项功能是来电转移，第三项功能是打长途优惠，第四项功能是语音留言，第五项功能是一卡多号。您只要通过我们的系统申请一个ID号码，月租10元，就可以同时拥有以上五大功能了。我现在就给您注册，好吗？”这位销售员还没说完，客户就挂断了电话。

可能很多销售员会产生疑问：这位坐席代表的销售话术并没有什么问题啊，为什么会遭到客户拒绝？其实原因很简单，因为他的话术太过繁杂，只顾自己滔滔不绝地说个不停，中间没有任何停顿，也没有给客户互动的机会。这除了会让客户觉得自己的时间被占用外，还认为自己没有受到重视，自然就挂电话了。可见，在电话营销的过程中，一方面，销售员在讲话时不要太啰唆，一定要突出重点，否则就抓不住对方的注意力；另一方面，要注意与对方互动，不可自顾自说个不停，让对方没有表达的机会。

这要求销售员做到：

（1）表达不冗余，词句简练，信息有其一定的必要性。讲话絮絮叨叨的、繁杂的销售员应当加以改正。

（2）信息不重复，即说话不可啰唆、重复；表达要言简意赅、精炼，措辞有表现力，也不要总是把口头禅挂在嘴上。

（3）表达明确，不可模棱两可，也不要使用那些令人费解的词语。防止误解，避免歧义。说话不要吞吞吐吐，说一些似是而非的话，要一是一、二是二，把要表达的意思说清楚。

三、有效沟通、表达尊重

一天，一家服装店内来了两个女孩子。在进店前，其中一个女孩看中了玻璃橱窗内的一条裙子。于是，她们商量好，由另外一个女孩子帮忙砍价。她们来到这家服装店，装模作样得看了几条裙子后，拿着那条早已看中的裙子。

要买裙子的女孩让她朋友帮忙看一下，于是朋友就拿起这些裙子，一件一件地挑，不是嫌这条的做工粗糙，就是嫌那一条的扣子没有缝好。其实她的用意只是为了砍价。

这时，在一旁的销售员恼怒了，冷若冰霜地说：“你们要想买就买，要是看不中就拉倒，不要在这里挑来挑去耽误时间。”

朋友一听生气了："不买就不买，你以为就你这里有裙子卖啊。"然后两个人愤愤地走了。

在上面的案例中，这位销售员虽然语言精练，但却没有达到销售目的。其原因在于他犯了生意经中的大忌：缺少良好的服务态度，因为任性和没有耐心，而顶撞了客户。假若他能找出客户挑剔的原因——砍价，进而有针对性地说服客户，把话说到位，那么，可能是另一番销售情景。

言简意赅的语言往往更有表现力和说服力，这就是为什么有些销售员反复劝说客户购买却起不到作用的原因。简洁明晰地表达出自己的观点是一个优秀的销售员必须具备的素质。因此，我们要想加大成功销售的把握，就要尽量使用最清晰、简明的语言，使客户获得想要知道的相关信息。

销售技巧点睛

1. 销售不是演讲，而是与客户的沟通，把产品信息与客户需求结合起来才能成功销售。

2. 语言专业、凝练，也要有亲和力。

3. 注意倾听，才能了解客户需求，制定有针对性的销售对策。

诚信至上，做不到就别给客户许诺

做销售最重要的就是讲诚信，要做到"言必信，行必果"，面对客户，我们不应该轻易许诺。但如果答应了客户的请求，就一定要做到，否则就会失去客户的信任。

而实际销售中，一些销售员为了能吸引客户，或者为了使客户尽快地签单或购买产品，无论客户提出什么样的要求都先答应下来，甚至主动向客户许诺自己做不到的事情，而当客户要求销售员兑现当初对自己的这些承诺时，销售员并不能兑现，就引来了客户的不满和抱怨，以至于有时客户会取消当初的订单。当这种事情发生的时候，销售员所损失的不只是某个客户，而是作为一名销售员应该有的诚信，谁还会与这样的销售员合作呢?

因此，作为销售员，我们一旦许诺了客户，无论你有多忙，也不论有多么重要的事等着你去做，也一定要遵守自己的承诺并且去做好它。而对于那些没有把握的事情，就不应该轻易许诺，对于那些客户主动提出的要求，如果我们不能做到，也要诚恳地向客户道歉，并说明原因，切不可不了了之。

一、在条件允许的情况下，给予客户能够兑现的满足

菲菲是一名工艺品销售员，这天，在门店工作的她遇到了一位头发斑白的老太太，老太太盯着柜台上的一块老怀表看了半天，很明显，她想买走这块表。

菲菲也看出了老太太的心思，便询问道："阿姨，你是想买这块表，对吧？"

"是的，我老头子就快过生日了，他很早就想要个这样的礼物，可是，这块表要好几百块，我身上的钱确实不够。"菲菲是个心地十分善良的女孩子，看到老太太难堪的样子，她赶紧说："阿姨，您身上有三百五十块没有？是这样的，我们店里的销售员每年都三次的折扣机会，打七折，你用我的折扣卡打折，就能省一百五十块。您看这样行吗？"

"是吗？你真是个好姑娘，真的太感谢你了。"

菲菲的这笔生意很快做成了。令她高兴的是，她结识了一位忘年交，这位老太太后来为她介绍了不少客户，都是她的老街坊、老姐妹，菲菲的生意也好了很多。

在现实的销售中，也会出现销售员菲菲的这种情况，客户确实想购买，但却因为某些客观原因，比如，预算有限，无能为力，所以想要你在支付时间上给予宽松的余地时，此时，不妨再问询更高一级的领导人员，为客户说说情，这样，即使上级不答应，客户也不会怪罪于你。而如果你能为客户争取到这一特权，那么，客户自然会大加感激。

二、说出难处，无奈地拒绝

百事可乐的总裁卡尔·威勒欧普到科罗拉多大学演讲的时候，有一个名叫杰夫的商人约卡尔见面谈一谈，卡尔答应了。正当卡尔兴致勃勃地为大学生们演讲时，有一个人走到他的面前，放下一张纸条，上面写着："您和杰夫·荷伊约定的时间到了。"

卡尔没有犹豫，他对大学生们说："谢谢大家来听我的演讲，本来我还想和大家继续探讨一些问题的，但我有一个约会，而且现在已经迟到了。迟到已经是对别人的不礼貌，我不能失约，所以请大家原谅，并祝大家好运。"在雷鸣般的掌声中，卡尔快步走出礼堂，在外面找到了正在等他的杰夫，向他致了歉意后，又耐心而诚恳地回答了杰夫所提的问题。

后来，杰夫成了一名成功的商人，他把这一段经历告诉了他的朋友。他的朋友们都对百事可乐产生了信任并决定加盟百事可乐的经销体系。

从卡尔的这段经历中，我们得出一个启示：从事营销行业，最重要的就是要有说到做到的品质。因为无论是做人还是销售，成功秘诀中最不能缺少的两个字就是诚信。

如果客户提出一些让销售员无法兑现的条件，为了销售成功而做出一些无法实现的承诺是不明智的。这时销售员应本着诚信的原则，就像故事中的卡尔一样无奈地表示拒绝，这样反而会获得对方的信任和同情，使成交顺利进行下去。当然，拒绝客户也要讲究方法，不能伤害了客户的感情而彻底失去客户，对此，我们不妨利用这样的话术：比如："对不起，这个已超出了我的权力之外，请见谅……""如果法律允许的话，我也同意。"这样向客户委婉指出他的要求已经不属于自己同意的范围，既向客户表达了拒绝，又能求得客户的谅解。

三、补偿法拒绝，满足客户其他方面的要求

补偿法拒绝是指对于客户提出的某些要求，我们无法满足时，我们不可轻易许诺，但可以通过满足客户其他方面的要求，来弥补这一不足，比如，以赠品来拒绝降价就是补偿法拒绝的最好体现。

总之，作为销售员，一定要记住这三点：说到要做到，不能做到的不要轻易许

诺；每一次承诺，都是向客户证明你的诚信；每一次实现承诺，都会增加客户对你的一分信任。

1. 坦诚是建立信任的第一步，对于做不到的事，千万别信口开河。

2. 如果客户提出的是你不能满足的条件，那么，你也可以同样提出他不能接受的条件，这样对方就会知难而退。

3. 客户是不希望听到任何拒绝的。无论任何形式的拒绝，我们都要讲究方式方法，不可伤害客户的感情。

耐心讲解，体现销售员的良好素养

任何一个销售员，都希望自己能顺利完成客户开发的工作，进而为成功销售奠定基础，因为一旦销售业绩无法完成，就会面临许多困境——收入减少、地位下降，甚至是失业。因此，在向准客户介绍产品的时候，我们多半是带着一种压力的，但是，欲速则不达，如果在销售压力之下不能保持一种耐心和从容，不顾具体的销售情境以及不同客户的特点而急于求成，往往会造成准客户的拒绝；而更为重要的是，耐心地向客户讲解关于产品各方面的知识，也是体现我们职业素养的重要方面，试想，当你对准客户的疑问不耐烦时，他又怎么会愿意与你合作呢？

一、有恒心，坚持到底

化妆品销售员小王没有完成上个季度的销售任务，如果这个季度还不能完成销售任务，她就会被公司降级。于是，在这次登门拜访的销售中，她显得有些着急。

小王："今天我向您推荐的这套化妆品最近刚刚投入市场，也是我们公司花了几年的时间研制而成的。不仅具有很好的美白功效，而且还能抗衰老……这套产品是我们这段时期销售最好的，客户口碑很不错……我看小姐的皮肤应该属于中性的，这套产品非常适合您……"

客户："你刚说这套化妆品有什么作用？"

小王："我刚不是说清楚了吗？因为这款产品中含有从天然植物中提取的美白成分，可以从基因源头帮助您抑制黑色素。"

客户："我觉得我的皮肤不怎么适合……"

小王："您到底要买什么样的产品呢？"

客户："对不起，我现在很忙，以后再说吧。"

从这则销售案例中，我们可以看出，到最后，这位客户已经拒绝了小王的销售，这是为什么呢？仔细看来，其实问题出现在小王的产品介绍过程中：刚开始，她满腔热情地为客户讲解，但这位客户似乎并没有听懂，此时，小王已经显出有点不耐烦："我刚不是说清楚了吗？"但她还是继续说出了产品的功效，尽管这样，这位客户还是提出了异议，而在这种情况下，小王似乎已经完全忘记了对方是被称为上帝的客户了："您到底要买什么样的产品呢？"这一句话彻底让客户对小王失望了，于是，小王被拒绝了。

的确，实际销售中，当我们苦口婆心地为客户介绍产品，希望客户能被我们的介绍打动的时候，出于各种原因，有时可能是销售员的介绍过于专业，客户无法理解；有时可能是客户对你的介绍不感兴趣或者不信任，客户会表现出对我们的介绍不置可否或者不理解的态度，而此时，正是体现我们职业素养的时候，如果你能继续做到耐心讲解，那么，便会打消客户本身存在的芥蒂，被你吸引；而如果你和案例中的小王一样，性格急躁，那么，则会使得客户产生厌烦和警惕心理，从而达不到沟通的目的。

二、心态平和、层层递进找出客户的需求

有一天，一位老太太离开家门，拎着篮子去楼下的菜市场买水果。她来到第一个小贩的水果摊前问道："这李子怎么样？"

"我的李子又大又甜，特别好吃。"小贩回答。

老太太摇了摇头没有买。她向另外一个小贩走去问道："你的李子好吃吗？"

"我这里是李子专卖，各种各样的李子都有。您要什么样的李子？"

"我要买酸一点儿的。"

"我这篮李子酸得咬一口就流口水，您要多少？"

"来一斤吧。"老太太买完李子继续在市场中逛，又看到一个小贩的摊上也有李子，又大又圆非常抢眼，便问水果摊后的小贩："你的李子多少钱一斤？"

"您好，您问哪种李子？"

"我要酸一点儿的。"

"别人买李子都要又大又甜的，您为什么要酸的李子呢？"

"我儿媳妇要生孩子了，想吃酸的。"

"老太太，您对儿媳妇真体贴，她想吃酸的，说明她一定能给您生个大胖孙子。您要多少？"

"我再来一斤吧。"老太太被小贩说得很高兴，便又买了一斤。

小贩一边称李子一边继续问："您知道孕妇最需要什么营养吗？"

"不知道。"

"孕妇特别需要补充维生素。您知道哪种水果含维生素最多吗？"

"不清楚。"

"猕猴桃含有多种维生素，特别适合孕妇。您要给您儿媳妇天天吃猕猴桃，她一高兴，说不定能一下给您生出一对双胞胎。"

"是吗？好啊，那我就再来一斤猕猴桃。"

"您人真好，谁摊上您这样的婆婆，一定有福气。"小贩开始给老太太称猕猴桃，嘴里也不闲着，"我每天都在这儿摆摊，水果都是当天从批发市场找新鲜的批发来的，您媳妇要是吃好了，您再来。"

“行。”老太太被小贩说得高兴，提了水果边付账边应承着。

这则故事中，我们发现，三个小贩对着同样一个老太太，但销售结果却完全不同，这是为什么呢？第一个小贩没有掌握客户真正的需求，第二个小贩抓住了客户的需求；而第三个则善于提问，挖掘出了客户深层次的需求。那么这个老太太归根结底最深层次的需求是什么呢？可能很多人会说当然是给儿媳妇吃了，心疼儿媳妇，也有这种可能，但是最根本的需求是因为她希望儿媳妇能为她生个又白又胖的孙子。所以，当第三个小贩向他推荐猕猴桃时，她很高兴地就买了，因为这是她的目标和愿望。

总之，销售工作最需要的就是恒心和坚持，没有哪一次的销售工作一次就能成功，都需要不断坚持。

销售技巧点睛

1. 在遭到客户的拒绝时，销售员不要气馁，要给客户时间和机会来决定，然后利用自己的口才去打动他们。

2. 当客户表示可以签单的时候，不可得意忘形，喜形于色，这会让客户有种被欺骗的感觉。

3. 当客户迟迟不肯成交，也不要急躁，把与自己交谈的客户当成自己的朋友，肯定会轻松得多。

第8章

言语动人，舌绽莲花让客户“心随你动”

放低姿态，说点软话满足客户的虚荣心

作为销售员，每天都要接待不同的客户，不同的客户有不同的性格，所能接受的交流方式也是不同的，人们常说“到什么山上唱什么歌”，与客户交流也是如此。在实际销售中，我们会发现，有这样一类客户，无论销售员说什么，他们都显出一副不可一世的神态，并表现得比销售员更专业，希望销售员能聆听自己的教导，面对这种客户，底气不足的销售员常不知所措，不敢继续接待，也有一部分销售员，为了证明自己，与客户进行一番理论，而到最后，不仅让生意白白溜走，还让自己乃至公司的形象受损。其实，对于这类客户，我们如果能放低姿态，给其灌下“蜜语甜汤”，满足其虚荣心，销售也会顺利进行。

一、准确、快速判断出客户的特性，进而提出对策

小王是某商场奶粉专区的销售员，一天，一位客户来购买奶粉。

小王：“先生，请问您购买奶粉给谁呢？”

客户：“给我家宝宝，他才一岁。”

小王：“先生，我们这里货架上的婴幼儿奶粉很多，都很不多错，不过我推荐××品牌的奶粉，我们这里现在这种奶粉卖得很火。”

谁知，这位客户撇撇嘴，冷笑一声：“你就别提这种奶粉了，上周我才听了报道，这种奶粉被查出有××成分，这个生产厂家因产品出现质量问题，差点被告上法庭。你说，这种奶粉，我敢要吗？”

小王一听，知道遇到内行了，她立刻改变策略，恭维道：“是吗？我真是孤陋寡闻，没听说这事儿，您真行！这么内幕的事都能知道，跟您相比，我们真是井底之蛙了。”

客户：“那是！我以前也代理过很多婴幼儿用品，奶粉行业的这点破事，哪能逃过我的耳朵。”客户得意扬扬。客户这样回答，小王立马知道了，原来这是个爱听软

话的客户。于是，她接着说："原来是老前辈！刚才我还跟你推荐产品，真是班门弄斧了。那您觉得买什么样的奶粉才放心？"

客户："告诉你，××品牌的奶粉就不错，我亲戚家的几个孩子都是喝这奶粉长大的，我们家宝宝出生后，我一直买的也都是这种奶粉，价格也合理。"

小王趁机说道："跟您聊一会儿，真长见识！你要几罐？我给您拿去。"听罢，客户痛快地要了两罐。

客户离开前，小王还不忘恭维道："以后，您可要常来我们商场啊，您的指导对我很有用！"

我们发现，案例中的奶粉销售员小王是精明的，在她向客户推荐奶粉遭拒后，她便立即改变策略，改用恭维的方式。原来，在小王了解了客户的性格、得知客户是爱听软话的人之后，就更加确信"蜜语甜汤"能对其产生作用，果不其然，在小王的一番恭维下，客户心甘情愿地购买了产品。

这类爱听软话的客户，一般在销售伊始，就表现出主动的姿态，他们会对销售员的服务态度、专业水平或者对产品性能等方面提出很多的要求等，对此，在进行正式的销售前，我们就要一定要善于察言观色，基本摸清客户的特性，进而揣摩他们的心理、特点和利益需求，才能在说话时候对症下药，准确地找出应对策略。

二、放低姿态，多讨教

刘明是一家药品卖场的销售员。有一天，有位客户前来买药。

刘明："先生，请问您需要购买什么方面的药？"

客户："都有哪些胃药？"

刘明："我们这里胃药很多，不过我推荐您购买××厂生产的胃药，这是市场上很畅销的品种。"

谁知，这位客户撇撇嘴，冷笑一声："这种药品只能去蒙普通人，这厂家用的药材都不是从正道上进的，质量差得远了。我还听说几个月前，这个厂因产品质量问题，差点出了人命。你说，这种产品，我敢要吗？"

刘明一听，知道遇到内行了，她立刻改变策略，恭维道："您真行！这么内幕的事都能知道，跟您相比，我们销售员真是井底之蛙了。"

客户：“那是！我代理过某药品好几年了，医药行业的这点破事，哪能逃过我的耳朵。”客户得意洋洋。

小王：“原来是老前辈！刚才我还跟你推荐药，真是班门弄斧了。那您觉得用哪个厂生产的药才放心？”

客户：“告诉你，××厂生产的药比较可靠，他们靠近原料产地，厂长为人也实在，估计××厂生产的药品不会差到哪里去。”

小王趁机说道：“跟您聊一会，真长见识！你要几盒？我给您拿去。”听罢，客户痛快地要了两盒。

客户离开前，小王还不忘恭维道：“以后，您要常来药店指导工作呀！”

每个客户在购买前，都会对所购买的产品进行一番了解，这是人之常情。一般情况下，这也是能为销售员所应付的。但如果我们遇到的是一些自视甚高的客户，那么，我们就要利用客户的这种优越感，对客户进行了一番投其所好的恭维，因为专业型客户自己心中有数，基本上不会听销售员的意见。与其费尽口舌，还不如以请教的姿态，主动倾听客户的见解，满足其心理。

这类客户在与销售员交谈时，要么对销售员的推荐默许地点头，偶尔针对不足之处做善意的更正；要么是急于表现自己，不等销售员开口，就喋喋不休地向销售员传授着专业知识，对于销售员推荐的不足之处，会无情地指出，使销售员下不了台。因此，销售员可以降低姿态，以讨教的语气进行交流，利用他们好胜的心理来促成销售。

三、多说恭维话

在降低姿态的同时，销售员也可以多说一些恭维话来引起客户的共鸣。比如对他们渊博的学识表现出敬佩的样子，这不仅让他们狂妄的心理得到满足，也会为了表现自己而向我们传授更多知识。

西方有句格言：“请用花一样的语言说话。”面对这类爱听软话的客户，如果你想获得成功，就不妨多说些甜言蜜语，使你的语言像花一样绽放，让客户心情愉悦起来，与你进行一个很好的交流，为销售成功奠定一个好的基础。

1. 讨教并不意味着恭维，任何一名客户都不希望被人恶意奉承。

2. 真心求教，可以学到更多销售乃至其他方面的专业知识。

“点”到为止，有些话没必要明说

销售行业，就是靠嘴吃饭，有些销售员业绩平平，不是因为不努力，而是因为不会说话；而相反，有些销售员，可以轻而易举地完成销售工作，是因为会说话。因此，我们总有一个误区，认为销售就是要滔滔不绝地说话，实际上，会说话和说多少话是不同的概念，真正会说话的销售员懂得什么时候说，什么时候不说，更懂得在不显山露水间传达自己的想法，因为有些话不必明说。

一、正面暗示，让客户跟着你的思维走

一天，销售大师乔·吉拉德所在的汽车展厅迎来了一位客户。经过沟通和了解，乔·吉拉德向她推荐了一款合适的车型。那位客户看着崭新的汽车，左转转右转转，好像非常欣赏。

“夫人，如果您不介意，可以坐上去试试？”

“是吗？你们对面的福特车行，每款车上都写着‘请勿触摸’，你们的可以试试吗？”

“当然可以！”

这位女士坐在驾驶座上，握住方向盘，触摸操作一番。从车里出来，那位女士说：“不错，新车的味道真好！”

“那您决定买这辆车吗？”

“哦，我再考虑考虑，好吗？”

“亲爱的夫人，您可能还不知道这辆车驾驶起来有多么的舒服。您愿意把它开回家体验一下吗？”

“真的吗？”这位女士感到不可思议。

“当然，没有任何问题！”

后来，这位女士决定购买乔·吉拉德的车，因为她把车开回家之后，丈夫、孩子和邻居都赞不绝口，这让她感到很满足，于是马上决定购买。

可以说，乔·吉拉德可以成功销售这辆车，并不是因为他巧言销售，而是因为他善于暗示，引导客户接受产品的体验，进而主动购买。客户购买产品后的美好感受。

销售员在对客户的购买能力等情况进行一番了解后，不妨对客户进行心理暗示：“夫人，你想想看，如果你能买下这所房子，那么，您的孩子每次回家的时间就能减少半个小时，每次当他吃晚饭时，还能听到对面音乐厅里悠扬的钢琴声，这也不失为一种美啊！”

另外，销售员在对客户做一番暗示后，不能急于让客户对购买产品表态，因为客户需要一些时间内思考，让这一暗示真正地进入客户的头脑，渗透到思想深处，进入客户的潜意识。利用这些方法给客户一些暗示，客户的态度就会变得积极起来，等到进入销售过程中，客户虽对你的暗示仍有印象，但已不认真留意了。当你稍后再试探客户的购买意愿时，他可能会再度想起那个暗示，而且还会认为这是自己思考得来的呢！

二、反面刺激，巧堵客户异议

赵强是一家打印机销售公司的销售员，他有一个墨守成规、故步自封的客户——成经理。尽管他们办公室的打印机已经非常老旧，几近淘汰了，成经理也几次敷衍说要更换，可都是打马虎眼，仍然不打算更换。赵强多次和他电话联系，每次联系他都针对那台老旧的打印机大做文章，试图促使对方尽快购买，但是每次都无济于事。又一次，赵强想出了一个招儿，他决定刺激一下客户的骄傲，冲破客户的固有思维。

在拨通电话后，赵强感慨道："我上次去过贵公司，看见了你那T形福特，T形的啊！"他的声音不大不小，清清楚楚地传到了成经理的耳朵里。

"T形是什么意思？"成经理有点尴尬。

"没什么，T形福特车是曾经一款非常流行的汽车，但是现在它只是一个怪物。"赵强说。

成经理很尴尬，之后，在同赵强的交谈当中他一度陷入沉思，他也感到自己敷衍了赵强好长一段时间了，最后，当赵强挂电话前，他主动提出周末和赵强谈谈，让赵强把激光打印机的资料带上。

案例中，打印机销售员赵强正是利用了反面法，让墨守成规的客户产生了失衡的心理，从而让其主动提出购买打印机。这里的刺激法，也是激将法。

激将法是一种有效打动客户的方法。它的运用原理是从人们的心理角度出发的，因为人们都有害怕产生损失和威胁的心理。为此，销售员只要让客户明白，轻易拒绝我们会让他产生巨大的损失。这样他们便会因为担心而采纳销售员的意见，以摆脱内心的不安和忧虑。无论是在电话沟通中还是在谈判当中，销售员要审时度势，巧妙运用激将法。

三、第三者干预，消除客户戒心

杰克是一家燃气公司的销售员。一天，他来到某小区，准备向准客户詹先生销售自己的产品。简单的介绍后，詹先生的回答很让人失望。

"我没用过你们公司的产品，不敢相信你们，万一有个好歹，后悔都来不及。"

"詹先生，您多虑了，如果我们公司的产品真的出过事故，那么，我还会站在这里与您交谈吗？而且，产品的质量是我们销售最有力的武器。"

"这倒也是，不过口说无凭，我还是不敢相信你。"

"詹先生，您看，这是上半年我们公司的销售情况表……"说着，杰克便把一本销售目录拿出来给客户看。

詹先生一看，他所在小区居然有一大半以上的用户都是用的杰克销售的燃气。为了确定杰克的销售目录的正确性，詹先生还拨通了这些邻居的电话，证明了杰克所说属实。后来，詹先生二话不说，购买了杰克的燃气。

杰克之所以能打消詹先生对产品质量的疑虑，说服詹先生购买自己的燃气，就是因为他出示了最有力的证据——这张销售目录表，其他客户的购买就是产品质量的最好的证明。从这则案例中，我们便可以发现巧借第三者干预在消除客户拒绝中的重要作用。

研究表明，客户虽然有千万个借口来对销售员的推荐做出拒绝的反应，但根源往往归结为习惯使然。客户对产品存在这样那样的异议，并不是因为客户真的对产品不满意，而是因为他们与生俱来的对新事物的防备。如果我们一味地向客户销售产品或者高谈阔论的话，就很有可能招致客户的反感。实际销售中，有些话点到为止，让客户自己去想、去看，反而更易让客户接受产品。

销售技巧点睛

1. 话说得多，并不一定能掌控交流局势，在关键时刻说话，才能引领客户的思维。

2. 激将法也需要销售员察言观色，在恰当的情况下使用，因为这一方法并不适用于所有客户。

3. 我们把话说得再漂亮，把产品吹得天花乱坠，也不如第三者的一次赞美，第三者干预法能帮助销售员省很多力。

可见，在销售过程中，在某些时刻，销售员巧妙说一些“潜台词”，似乎更能帮我们达到销售目的。

借助真实销售事例，让客户放心

销售过程中，销售员要达成交易，首先要解决的问题就是激发客户的购买欲望，让客户心动，客户对产品没有任何兴趣，何谈购买？而现实销售中，有时候，我们使出浑身解数，向客户展示产品的众多优点，可客户似乎却不吃我们那一套，但如果换种销售的方式，比如说，向客户展示一些真实案例，进而放大客户的需求，就会让客户有种紧迫感，自然就会加快购买的脚步。

的确，销售过程的任何时候都忌讳毫无事实证据的论述，因为对于陌生的销售员、陌生的产品，谁都会心存戒备，更别说信任了。此时，若我们的言谈没有事实依据，那就会加深客户的疑心，也就无法激发客户的购买欲望，而如果我们能展现现实例证，给客户吃一颗定心丸，自然会加大客户购买的信心。

一、表明产品的畅销度

一位先生来到商场，准备购买一台笔记本电脑。

销售员："听了这么多介绍，您对这台电脑一定也有不少了解了吧？"

客户："对，不过你们搞销售是因为这台电脑已经上市好几年了，都快过时了，我你还是等到新一代电脑出来再说吧。"

销售员："小姐，是这样的，我们之所以有优惠活动，并不是说这款电脑要过时，相反，这款电脑箱销售得非常好，您看这是去年××报做的一个市场调查，我们公司产品的市场占有率全国排名第五呢。因为产品卖得好，自然就会采取优惠活动来返利客户了。而且，以这款电脑现在的配置，虽然已经上市一年了，但依然没有要过时的趋势，所以，现在买这款电脑的话，是既实惠又实用。"

客户："嗯，你说得不错，说不定新品出来的时候，在配置上也和这款差不多。"

……

在这则销售案例中，客户之所以否定眼前产品，是因为他对眼前搞销售的产品存在一定偏见，那就是产品要过时，无法满足其对产品“新”的需求。针对这一点，销售员从产品的销售量入手，向客户介绍产品的畅销情况。因为畅销情况代表一种产品在客户中的认可度，可以间接地证明产品的质量、口碑等。

生活中，如果有朋友对我们说：“老王，这一款是我们卖得最好的产品，已经畅销全球50年，咱们那些老同学现在都在使用它。”那么，我们多半也会选择购买，因为同龄人之间往往会产生一种认同感，如果我们周围的朋友都在抢购一件产品，那么，势必会产生一种热潮。现代社会，流行性产品的诞生，多半由于这个原因。

人们都有一种从众心理。在购买活动中，这种心理更为明显，这是降低内心危险意识的一种典型体现。销售员要想促成客户购买商品，利用这种从众心理促成交易，也是一种不错的选择。尤其对于那些追求流行的客户，这一招经常可以起到作用。比如，你可以拿出产品的销售情况表，告诉客户：“您看，这是我们这个月的销售情况和客户反馈意见表……”这是产品畅销度最好的证明方法，客户自然会打消心中疑虑，购买产品的欲望也就更强烈。

二、用具体的、真实的事例来说明问题

真实的事例是一种具有说服力的论据，比起抽象的产品质量报告，具体真实的事例显得更加形象生动。如果销售员告诉客户：“我们是奥运合作伙伴，这是我们的合作标识。”那么客户不仅欣然接受，也会深信不疑。

但是，销售员给客户所举的案例一定要真实，否则就是搬起石头打自己的脚。

三、借助品牌为产品打广告

这天，一名太阳镜销售员走出专柜，来到某商场外，向进出的行人销售自己的产品。这时，一位小姐走过来，称自己想购买一副太阳镜，只是商场的太贵了。

客户：“这款挺漂亮的，是什么牌子的？”

销售员：“小姐真有眼光，这是我昨天刚进的货，是××牌的。夏天来了，最近我们这款产品卖得很火。”

客户："我没听说过这个牌子。"

销售员："可能是我们的宣传力度不够，真谢谢小姐您的提醒。实际上，我们这牌子已经上市七八年了。全国的大中城市都有我们的专卖店。不过本市只有我们一家。可能小姐您以前没有注意到我们这个牌子，但您知道××这个品牌吧，这两年，我们的目标就是要成为和××一样的顶级品牌。最近我们在做活动，所以相对便宜很多。"

客户："真是这样吗？"

销售员："当然是，现在刚好有这个机会向您介绍一下我们的产品，我们主要的客户群就是像您一样的城市达人。我们的设计原则就是'穿得要有高品位，戴得也要有高品位'。您看就像您选中的这一款，不仅造型另类别致，而且时尚大气。"

客户："的确挺特别的。"

销售员："这只是其中一款，您看看这边的款式，这种设计风格绝对是独一无二……"

的确，现代人购买产品，已经有强烈的品牌意识，案例中的客户也是如此。这位销售员在向客户推荐产品时很有一套，"宣传力度不够""上市七八年了""目标就是要成为和××一样的顶级品牌"都会让客户觉得产品是个"大牌子"，那么，客户的疑虑自然就消除了。

可见，客户对产品提不起兴趣，并不是客户不需要，很多时候，是因为我们没有激发起客户购买的欲望。此时，如果我们能为其摆出一些事实例证，就可以激发客户对产品的信任度，从而让其放心购买！

销售技巧点睛

1. 真实的数据也能让客户对产品产生信心。

2. 除了品牌，销售员还可以借助专家的研究或分析结果，也可以借用知名人物或企业的合作来强调产品的"品牌"。

配套效应，利用“全面服务”让客户“上钩”

日常生活中，可能我们都有过这样的经历：有一天，你和妻子在逛商场，看到你心仪已久的一套餐具正在打六折，于是你和妻子一商量，咬咬牙还是买了。看到新餐具，你心里觉得很美好，明天就可以用最好的餐具用餐了。回到家以后，你发现家里的厨具也不好用了，餐桌也旧了……

这是一种什么样的心理？18世纪法国哲学家狄德罗，也遇到了类似的事情。一天朋友送他一件质地精良、做工考究，图案还很高雅的睡袍，狄德罗非常喜欢。于是他穿着精美的睡袍，在家找感觉，发觉家具风格不对，地毯针脚粗大。于是为了与睡袍配套，狄德罗先后对旧的东西更新，房间终于跟上了睡袍的档次。可他却觉得很不舒服，因为自己居然被睡袍胁迫了。两百年后，美国哈佛大学经济学家施罗尔，在《过度消费的美国人》中，把这种现象称为“狄德罗效应”，也就是人们常说的配套效应。

不得不说，“配套效应”在日常生活中可谓司空见惯，几乎在每个普通百姓身上都会发生。比如，买了一套新房，谁都得装修一番。有人这样描述：铺上大理石或木地板后，自然要以黑白木封墙再安装像样的灯池；四壁豪华后自然还要配上高档的硬木家具；出入这样的住宅，显然不能再破衣烂衫，必定要有拿得出手的衣服……就此“效应”下去，说不定有人会突然发现和自己睡在一张床上的那个家伙也有点儿“拿不出手”，打算一并换了呢！

当然，对于追求利益的生意人来说，他们却很喜欢人们的这一心理。同样，销售员在销售的过程中，如果能恰当劝说，让人们产生这一心理，当他们需要更全面的服务时，也就“上钩”了。当然，要运用好这一效应，还需要销售员做到以下几点。

一、将心比心，让客户感受到你的真情实意

这天，孕婴产品销售员孟庆来到某小区，经过打听，他得知某住户家有孕妇，再过两个月这家就要添新丁了。于是，他敲开了这家的门，开门的是个老妇人，孟庆猜想，这位不是孕妇的母亲就是婆婆，但他还是决定先试探一番。

“阿姨，您好，你怎么一个人在家？你儿子媳妇呢？”

“你弄错了，这是我女儿的家，她怀孕了，我是来照顾她的。”

“真是可怜天下父母心啊，这么大把年纪了，还为女儿着想，想当年，我岳母也是，生怕我妻子冷着饿着，孩子出世后，也是一刻不闲着。”孟庆语重心长地说。

“可不是嘛！不过我女儿很好动，身子也不错，这会儿她婆婆带着她出去散步了，我们两个老太婆还怕照顾不好一个孕妇吗？”老太太爽朗地笑了起来。

“是啊，我看阿姨您就是一个和善的人，全家一定都很幸福，对了，阿姨，只顾着和您聊天，都忘了跟您说了，您看，这是我们公司的产品，是专门针对婴儿设计的，包括奶粉、益智玩具，还有各种婴儿期的书籍等。”

“原来，你是搞销售的？”

“是的，阿姨，不过您不购买也没关系，打扰您这么久，我赠送您一个小玩具吧。”说着，销售员拿出了一把玩具手枪，老太太一看，欢喜得不得了，但她一想：要是女儿生的是女儿，那岂不是不合适，再说，亲家也会以为自己重男轻女，那要不，再买个小娃娃吧。就这样，老太太主动提出再买个娃娃。

孟庆一看，自己的方法奏效了，就对老太太说：“对了，阿姨，您的女儿还有几个月生？”

“两个多月。”

“现在的女人呀，都爱美，对于孕后的身材可是很在意的，我妻子就是，当年生完孩子后，一年多都没恢复，我那时候想，要是我能多挣点钱，给她买点有助于产后恢复身材的产品，就不会那样了。阿姨，现在我们公司的这种产品，正是针对孕妇设计的，只要产后每天锻炼十几分钟，就能起到很好的效果。您要是给您女儿买一个的话，她一定会很高兴。”

“是啊，那我也买一个吧，反正女儿生孩子，我这个做母亲的，也没为她买什么。”

接下来，在孟庆的轮番轰炸下，这位老太太居然一次性购买了千元的孕婴产品。

案例中，销售员孟庆在道明自己的拜访目的被客户拒绝后，为什么还能成功销售？因为他每句话都是从客户的角度出发，让客户感受到了他的真心，从而扭转了销售局面。

因此，在运用“配套效应”时，要求我们以客户为中心来分析问题，帮助客户解决问题。销售员需要花较多的时间与客户建立信赖，并且了解客户的需求，只有以客户为主才能更好地建立信任感。正如案例中的孟庆所说：“您要是给您女儿买一个的话，她一定会很高兴。”

二、注意自己的说话态度，不可强迫客户购买

在上面的案例中，我们不难发现这名销售员还有一个销售技巧，就是“免费产品赠送”，面对免费产品，谁会拒绝？而这一“送”，就产生了“一发不可收拾”的后果，在“配套效应”和孟庆的劝购下，对方产生了各种产品的购买需求，于是，对方“上钩”了。

我们向客户销售户，并不一定要让客户购买。也就是说，我们为客户制造“配套效应”，也不可操之过急，否则，很容易被客户认为我们是心怀叵测，一旦等他们“清醒”过来，所有的销售就泡汤了。

注意以上两点，只要我们言辞诚恳，找到客户需要的配套服务，那么，客户一定能轻易地“上钩”！

销售技巧点睛

1. 态度自然，表情到位，别让客户看出你的心计。
2. 把准客户心理，不可操之过急。
3. 对于确实不行购买配套产品的客户，更不能强行推荐。

适时“留白”，让客户产生遐想后想追问下去

生活中，人们都有好奇心，对自己不熟悉、不了解、不知道或与众不同的东西，人们往往会格外注意，尤其是对那些自己已经产生兴趣的事物，更想一探究竟。所以，我们在与客户沟通的过程中，不妨利用他们的这一心理，话到嘴边留半句，这样，客户的胃口被吊起来后，自然会追问下去。这是一种巧妙的销售方法，也是一种打动客户的技巧和艺术。

所以，在我们与客户交谈之初，可以暂时不提销售之事。我们可以先设置一个悬念，激发客户想知道的好奇心，然后在一个恰当的时机，让他的好奇心得以满足，如此一来，你的业绩就水涨船高了。

那么，如何制造悬念呢？又怎样吊起客户的胃口，让客户有这种想一探究竟的欲望呢？对此，没有固定的模式，只要能引起客户的注意就好，但这过程中还是要注意很多问题的，避免用错悬念，引起客户的反感。

一、从客户感兴趣的话题入手，抛出一条主线

汤姆是一名厨具销售员，由于他出色的口才，他的销售业绩很好。他曾经有这样一次销售经历：

那天，他准备向某准客户销售一款售价为280元的厨具。

他按响了门铃，等他道明了来意后，客户当场就拒绝了他：“我是不会购买这种又贵又没用的东西的，请你走吧。”客户态度如此坚决，汤姆碰了一鼻子灰，但汤姆想，决不能放弃，一定有方法可以让客户接受自己的产品。

第二天一大早，汤姆就又来了。这次，客户的态度还是和昨天一样，一看到来销售的汤姆，他还是坚决地说：“我昨天不是说过了吗？我是不会买你的东西的。”这次，汤姆并没有急着介绍自己的产品，而是从口袋中掏出一张1美元的钞票，当着客户的面把它撕碎，对客户说：“你心疼吗？”客户客户吃惊地看着他，心想，这人真

是疯子，汤姆没等客户回答就离开了。

第三天早上，汤姆又在同一时间来到客户家，客户开门后，汤姆又掏出一张1美元的钞票，当着他的面把它撕碎。然后问：“你心疼吗？”

客户说：“我不心疼。这又不是我的钱，你要是愿意的话，可以继续撕。”

汤姆说：“我撕的不是我的钱，而是你的钱。”

客户很奇怪：“怎么会是我的钱呢？”

汤姆并没有马上回答客户，而是停顿了会儿，这时，客户急了：“你倒是说啊。”

此时，汤姆才缓缓地说：“您自打结婚起，住在这房子里，已经有20年了吧，如果这20年，你使用的是我的烹调器具做饭，每天就可以节省1美元，一年360美元，20年就7200美元，不等于就撕掉了7200美元吗？你今天还是没有用它，所以又撕掉了1美元。”

客户被他的话说服了，立刻购买了汤姆的产品。

案例中，厨具销售员汤姆之所以能转败为胜，就在于他设置了一个悬念，抛出了一条沟通主线，唤起了客户的兴趣和好奇心。

一般而言，人们对陌生的销售员总是心存戒备，往往以各种借口将其打发走。其实，这是销售员没有选择正确的谈话方式。人们都有感兴趣的话题，客户也是。销售员如果能在销售中先暂时搁置这些销售问题，而从客户的兴趣出发展开谈话，势必能激发客户继续谈话的欲望。

二、控制好悬念产生与解答之间的时间

某公司因为找准了市场时机——生产某种土豆刀片，销量和市场口碑都非常好，但一段时间后，问题又出现了——客户买了，就不需要再买。所以，他们的销量直线下降。为此，总经理把各个部门的人召集在一起，商量对策。

销售部门的某些人提出，降低产品的质量。他们的理由是，降低质量，产品的使用期限就会缩短，客户还会继续购买。但是降低了质量，意味着就会毁了公司的信誉，没有了信誉，公司会很难生存。所以这个提议很快被否则。

生产部门的人提出，降低产品的价格，但是产品本来就定价不高，降低了产品价格意味着企业没有了利润，这个提议也很快被否决了。

其他部门的一些人也提出了一些意见，但都被总经理否决了。很长一段时间，会

议厅的人都陷入沉默。

这时候，打扫卫生的张姨给总经理端来了茶。总经理说："张姨，你说说你的想法啊。"

张姨非常紧张，说："我哪懂啊，这是你们领导才决定的事。"

总经理笑了笑说："没关系，你就大胆地说吧。"

张姨想了想说："我削土豆的时候，老是把刀子和土豆皮混在一起。我觉得不妨把产品的外包装做成跟土豆皮一样的颜色，这样客户在削土豆的时候，就很容易将我们的产品和土豆皮一起倒掉。"

总经理听了率先鼓起掌来，后来公司采取了张姨的建议，果然销售量直线上升。

从这个故事中，我们发现，清洁人员张姨的话之所以显得如此作用巨大，不仅在于留足了时间，还在于她选择了巧妙的"回答"时间：留足了悬念，当所有人的见解被否定的时候，她还是谦虚地回答"我哪懂啊，这是你们领导才决定的事"，而在得到领导的允许后，她的回答更是与众不同。

对于销售方来说，为客户制造悬念，也要见好就收，不要无节制地让客户猜疑。一旦客户失去了兴趣，那么，我们精心设置的悬念也就不起作用了，甚至让客户觉得你故弄玄虚，觉得自己受到了欺骗。

总之，制造悬念是销售员应该具备的能力和技巧，要能制造悬念，除了要具备广阔的知识外，还要揣摩客户的好奇心理，进行仔细的编排，这其实是一门巧妙的艺术，需要花费力气，下一番苦功的。

销售技巧点睛

1. 提问能引发客户的想象，但你的提问要站在客户的角度，让客户感觉到你是本着为其解决问题的原则提问的。

2. 给予客户充足的时间，让你的话语渗透到他的思想里。

3. 你的"语言余地"要与产品有关联，这种关联可以是直接的，也可以是内在意义上的。

第9章

产品介绍，
锦心妙口让客户爱上产品

“专家式”介绍，用专业眼光为客户解读产品

向客户介绍、展示产品是销售中的必经阶段，也是让客户拿主意的关键阶段。销售员在介绍产品的过程中的语言表达能力如何，也直接关系到客户的最终抉择。任何一个客户，都希望与一个专业素质高的销售员合作，因为专业意味着更多的保障。

因此，每个销售员都要从专业角度为客户介绍产品，并将产品的优越性以最吸引人的方式或语句展示给客户，可以说，业务素质应该是销售员的基本硬件。

一、语言精练、专业，客户才会深信于你

销售员小江从客户那里回来后，愤愤不平，正向同事小刘诉苦。

小江：“刚才那个客户真是烦人，他什么都不懂，还非要冒充是行家，说我卖的电脑这里不好，那里不好。还说他们家那台老式的电脑是目前市场上卖得最火的，我看至少有三四年的时间了，你说好笑不好笑？”

小刘：“那你怎么说服他的呢？”

小张：“说服他？我刚开始和他讲解现在的市场行情他不听，后来我生气了，和他大辩了一通，使出我浑身的解数。结果他一句话都说不出来了，哈哈。”

小刘：“那他有没有买你的电脑呢？”

小张：“……”

小秋来现在的投资公司担任市场推广员已经一段时间了，可是，她似乎还是和刚来的时候，业务似乎没什么进展，她自己也不知道问题出在什么地方，于是，公司为她找了一位前辈，指导她的工作。

这天，小秋和前辈一起来到某公司。

小秋开始进行自己的销售工作：“陈先生吗？你好！您现在有时间吗？很不好意

思打扰你。我姓张，是××投资公司的业务推广代表，我想向你介绍……”

而这位陈先生直率地说：“对不起。我正忙，对此不感兴趣。”说着就告诉秘书：“送客。”

小秋只好离开，就这样，连续拜访了几家公司，都是这样的结果。

在小秋连续受到打击之后，这位前辈开始问小秋：“小秋，你知道为什么客户为什么总是在你说了几句话之后便不假思索地拒绝你吗？”

小秋想，现在的客户难搞定是公认的事，我搞不定客户，也没什么出奇。

这位前辈见她不吱声，便解释起来。

“首先，你应该说明来意，而不是直接问对方有没有时间。哪位客户会说自己现在很闲？另外，你发现没，你在正式介绍产品前的表达是：‘我想向您介绍……’这样说，一点也不专业，也显得自己很没信心。总结起来，你在和客户沟通的时候，虽然说的话很多，但没切中要害，显得毫无章法。”

案例中，这位前辈的话是有道理的。销售员向客户介绍产品的语言一定要专业，而不能显得内容冗杂、没自信。否则，客户不会取信于你。

如果我们在展示介绍的过程中，语言过于冗杂，势必会让客户没有耐心进行信息的筛选。因此，销售员向客户介绍产品，一定要以最专业、精炼的话，使自己的营销活动尽可能高质量、高效率地展开。

二、专业解答，展现自信心

商场里出现了这样一幕：

“小姐，这台空调为什么比那一台贵那么多钱？”一位家庭主妇问道。

“因为这台比另一台要好一些。”销售员答道。

“这个我清楚，可是我想知道的是，它究竟好在哪里？它有什么突出的优点，要值那么多的钱？”客户不依不饶。

“嗯，这个我不清楚，我只是负责卖的。”

这位小姐虽然只是一个商场销售员，但要想成功地卖出产品，还需要一些业务素质。很明显，她做得明显不够。

销售员必须让自己成为最熟悉产品的人，也就是产品的专家，只有这样，才能应付任何关于产品的问题，正如人们说的："如果说，销售95%靠的是热情，那剩下的 5 %靠的就是产品知识。" 同时，只有具备了专业的丰富的产品知识，才能信心十足，才能产生足够的热情，成为销售专家。其实，很多销售高手最值得骄傲的，不是自己的销售业绩，而是他们在其产品或服务方面的渊博知识无人能及。

因此，销售员在进行销售之前，一定要对产品的一些基本特征有充分了解。比如，产品的名称、产品的技术含量、产品的物理特性等，另外，销售员还要重点说明产品的效用，因为客户最关心的永远是产品能给自己带来什么好处和利益，这一点，销售员必须要予以重点说明。

三、借助权威和数字，赢得客户的信任

卡耐基的一次经历，可以说是用数字说话的典范。他是这样说服一家旅馆经理打消增加租金的念头的。

卡耐基每季度都要花费1000美元在纽约的某家大旅馆租用大礼堂20个晚上，用以讲授社交训练课程。

有一季度，卡耐基刚开始授课时，忽然接到通知，要他付比原来多 3 倍的租金。而这个消息到来以前，入场券已经发出去了，其他准备开课的事宜都已办妥。怎样才能交涉成功呢？经过仔细考虑，两天以后，卡耐基去找经理。

卡耐基对经理说："我接到你的通知时，有点震惊。不过这不怪你。假如我处在你的地位，或许也会写出同样的通知。你是这家旅馆的经理，你的责任是让旅馆尽可能多地赢利。你不这么做的话，你的经理职位很难保住。假如你坚持要增加租金，那么让我们来合计一下，这样对你有利还是不利。"

"先讲有利的一面。" 卡耐基说，"大礼堂不出租给讲课的而是出租给办舞会、晚会的，那你可以获大利了。因为举行这类活动的时间不长，每天一次，每次可以付200美元，20晚就是4000美元，哦！租给我，显然你吃大亏了。"

"现在，来考虑一下'不利'的一面。首先，你增加我的租金，也降低了收入，因为实际上这等于是把我撵跑了。由于我付不起你所要的租金，我势必再找别的地方举办训练班。"

"还有一件对你不利的事实。这个训练班将吸引成千的有文化、受过教育的中上

层管理人员到你的旅馆来听课，对你来说，这难道不是起了不花钱的广告作用了吗？事实上，假如你花5000美元在报纸上登广告，你也不可能邀请这么多人亲自到你的旅馆来参观，可我的训练班给你邀请来了。这难道不合算吗？”讲完后，卡耐基告辞了，“请仔细考虑后再答复我。”当然，最后经理让步了。

人们对于权威语言和数字似乎更能产生信服感，卡耐基之所以获得成功，只是因为他站在经理的角度想问题，把增加租金的弊端与保持租金的好处用数字一个个清楚地表达出来而已。

不得不承认，在销售员介绍产品时，客户都是心存疑虑的，他们为了证明自己选择的正确性，减少购买的风险，会向销售员提出各种问题，此时，我们专业的销售语言就能派上用场。

1. 冗长、拖沓的话只会让客户觉得你有失水准，精练的销售语言不但能为客户节约时间，还能展现你的专业素养。

2. 客户总是有这样那样的疑问，在销售产品前，我们就应该用专业语言设计好话术，进而给客户一个专业的答案。

3. 在销售中，用数字说话，既显得专业，又能给人以最基本的信任感。

让产品说话：“卖效果”更能让客户印象深刻

人们常说“耳听为虚，眼见为实”，相比销售员所说的，客户更愿意相信自己的眼睛，相信产品的效果。一位著名的销售员曾说过："如果你想勾起对方吃牛排的欲望，将牛排放在他面前固然有效，但最令人无法抗拒的是煎牛排的吱吱声，他会想到牛排正躺在黑色的铁板上，吱吱作响，浑身冒油，香味四溢，不由得咽下口水。"其实，这就是产品的效果，正是这种吱吱的响声使人产生了联想，刺激了人的欲望。因此，聪明的销售员在向客户介绍产品时，多半都会注重展现产品的效果。

一、别开生面的开场，抓住客户眼球

通用电气公司几年来一直想销售教室黑板的照明设备给一所小学，可联系了无数次，说了无数的好话均无结果。这时一位销售员想出了一个主意，使问题迎刃而解。他拿了一根细钢棍出现在教室黑板前，两手各持钢棍的端部，说："先生们，你们看我用力弯这根钢棍，但我不用力它就又直了。但如果我用的力超过了这根钢棍最大能承受的力，它就会断。同样，孩子们的眼睛就像这弯曲的钢棍，如果超过了孩子们所能承受的最大限度，视力就会受到无法恢复的损坏，那是花多少钱也无法弥补的了。"没过多久，通用电气公司就如愿以偿了。

通用公司的聪明之处，就在于让产品自己说了话，让客户自己看到了产品的效果。在销售过程中，如何让产品说话，是决定销售成败的一个至关重要的作用。

有一个牙医，他把患者的X光片放在墙上，使患者一坐下就可以看到自己牙齿损坏的情况。然后，牙医就会说："不要等牙坏到不能用的程度才来补。"

销售员开口之前，一个与众不同的产品展示方式，就能立即吸引住客户的眼球，让客户产生了解产品的欲望，产生亲手身感受产品的欲望，从而产生认同商品的看法。

二、完美勾勒，开发客户的想象力

有一位销售空调的高手，他从来不滔滔不绝地向客户介绍空调的优点如何如何，因为他明白，人并非完全因为东西好才想得到它，而是由于先有相应的需求，才会感到东西好。如果没有需求，东西再好，他也不会买。

所以，他在销售产品时并不说"这样闷热的天气，如果没有冷气，实在令人难受"之类刻板的套话，而是把那些有希望购买的潜在客户，想象成刚从炎热的阳光下回到一间没有空调的屋子里，然后再诚恳地对他说："您在炎热的阳光下挥汗如雨地工作后回家来了。当您一打开房门，迎接您的是一间更加闷热的'蒸笼'。您刚刚抹掉脸上的汗水，可是额头上立即又渗出了新的汗珠。您打开窗子，但一点儿风也没有；您打开电扇，吹来的却是热风，使您本来就疲劳的身体更加劳累。可是，您想过没有，假如您一进家门，迎面吹来的是阵阵凉风，那将会是一种多么惬意的享受啊！"

优秀的销售员，在对产品进行说明的时候，不会简单地介绍产品的一些功效，而是善于为客户营造一种在购买某种产品后的美好氛围，让客户自己想象，从而提升产品的魅力。

销售员销售的对象是商品，但是你应该明白的是，有时候卖商品不如卖效果，因为客户虽然购买的是产品，但实际上是在购买某种效果。

比如家电类的实用性产品，你不妨在功能和经济性上给对方以"利诱"；而对于那些名表、戒指等奢侈品上，你不妨在"地位与身份"上大做文章……总之，抓住你的产品会产生的效果，有侧重地加以说明，便会恰到好处地吸引住你的客户。

为了使客户产生购买的欲望，销售员有时候不妨夸张一点，尽量对客户心中已经建起的美好画面进行渲染、放大，同时，简单的演示还是不够的，同时还必须对他们加以适当的劝诱，让客户自己产生购买欲望。

三、巧妙引导，带动客户亲身体验

如果我们能积极创造出让客户参与产品演示的机会，让客户用视觉、嗅觉、味觉、触觉等感官亲身体验产品，一旦客户对产品有了一些切身体会，他们就更容易联想起拥有产品之后的感受，就能很快明了产品给他们带来的好处。所以，对于销售员来说，完全没有必要不舍得让客户使用自己的产品，客户只有亲眼看到效果，亲自感觉到产品的好处，才能乐意购买产品。

香港一家专营胶黏剂的商店，为了让一种新型"强力万能胶水"广为人知，店主用胶水把一枚面额千元的金币黏在墙壁上，并宣称："谁能把金币掰下来，金币就归谁所有。"一时，该店门庭若市，登场一试者不乏其人。然而，许多人费了九牛二虎之力，仍然徒劳而归。有一位自诩"力拔千钧"的气功师专程赶来，结果也空手而归。于是，“强力万能胶水”的良好性能声名远播。

当然，这家胶黏剂商店的宣传目标就这样轻易实现。

在向客户介绍产品时，充分调动客户的尝试的积极性是非常重要的。因为这样做，会使他们对产品的印象更深，理解也更透彻。

不论你销售的是什么，都要想方设法展示你的商品，而且要记住，尽可能运用体验式销售，让客户亲身参与，如果你能吸引住他们的感官，那么你就能掌握住他们的感情了。

销售员不能一味地介绍产品而忽视客户的感受，因为当你介绍的时候，客户很可能产生一些疑问，如果不给客户说和问的机会，没有互动这个环节，那么客户会把这些疑问搁置，最终结果只会是：即使在你介绍的过程中客户对产品产生过兴趣也会丧失这种兴趣。因此，销售员只有不断和客户互动，及时发问，才会了解客户的想法并很好地引导客户的思维。发问会让客户参与其中，对产品的感受更加深刻。

当客户了解这些以后，就会有一种想尝试的欲望，此时，我们的销售目的也就近乎成功了。

因此，作为销售员，不论你销售的是什么，只要你能想方设法让客户看到产品的效果，你的销售工作就成功了一半。

1. 正式介绍产品前，销售员最好先找一个能吸引客户眼球的突破口，而不至于一开始就让客户说“不”。

2. 人们都有对未来美好生活的憧憬，带领客户去想象，能让客户在不知不觉中产生购买欲望。

3. 让客户主动去接触产品，让客户产生乐于享受产品的感觉，能加深客户对产品的认同感。

“叫卖”学问：诉说产品卖点激发客户欲望

销售过程中，我们通常会遇到这样的情况，无论我们怎么陈述产品的优点、劝谏客户购买，但客户似乎总是提不起兴趣，最终放弃购买。听了客户这样说，很多经验尚浅的销售员会选择放弃销售或者继续喋喋不休地向客户销售他们的产品。而实际上，这两种做法往往也是无效的。原因是什么呢？主要是销售员只是为了介绍产品而介绍，而这样介绍，无异于产品说明书。此时，如果我们能转换一下介绍产品的方法，尽量向客户陈述产品的卖点，用产品的卖点打动客户，那么，情况可能就截然不同。

一、价格优势，让客户明白好货也可以很便宜

小陈是阳光通讯公司销售代表。最近他要销售公司的宽带，这天，他向一个潜在客户打电话。

“您好，我是阳光通讯公司的小陈，听说您最近买了一处新的房子，您有安装宽带方面的需求吗？”

“哦，不好意思，我大部分时间都不在家里，所以，宽带基本上用不着。”

“没关系的。对了，听小姐您的声音，真是动听啊，和您通话我真的感觉很舒服，请问您是在电视台工作吗？”

“你怎么知道的？我就是在电视台担任播音员，所以每天都很忙。”

“刚听到小姐的声音就觉得很动听，与您说话真是一种享受。请问小姐是跟家人一起住吗？”

“我爸爸跟我住……”

“原来是这样啊，那我建议小姐可以安装一下我们的宽带，因为您想，把一个老人单独放在家里，他会孤独，而且，现在老人上网，已经是一种流行趋势，最重要的

是，我们的宽带最大的优点就是年费很便宜，您只需要一个月花费八十元就行了。”

“是吗？这还挺便宜的，要不，你周末来我家安一个吧。”

“好的。”

案例中，当客户表明自己并不需要宽带服务的时候，销售员小陈并没有就此放弃，而是继续与客户通话，并利用真诚的赞美获得了客户的好感，此时，小陈再询问客户是否和家人一起住，已经消除戒心的客户自然会真实回答，而聪明的小陈便从此下手，找出了客户的购买需求，然后，他再强调宽带服务费便宜的最大卖点，于是，客户就欣然接受了。

利用价格优势来打动客户，可以说是最常见的。任何一个客户，在购买产品的时候，都会关心产品的价格，也会货比三家，我们在介绍产品的时候，如果能将其与同类产品做比较，用较高的同类产品价格对比所谈的产品，从而让客户明显感觉自己产品的便宜。这样，客户接受的概率就自然会加大。

二、价值优势，让客户觉得“物有所值”

客户：“我觉得你们的设备挺符合我们的要求，只是这质量方面，我还是有点担心。因此，我觉得有些贵。”

销售员：“这个您完全可以放心，国家质检部门已经做过多次检验了，我们所有的设备合格率是90%以上，而且这型号的设备质量比其他的都好，它的合格率达到了95%，而其他公司的产品才85％。”

客户：“是吗？”

销售员：“是的。您看，这是产品相关的质量合格证、质检部门的检测报告……”

客户：“是这样啊。”

销售员：“目前这款设备已经在全国20多个城市销售了100多万台，重要的是直到现在我们仍然没有接到任何关于这款设备的退货要求。所以，你大可放心。”

案例中，我们发现，这位销售员就是利用人们最关心产品质量的这一心理出发，将自己的产品与行业内的其他产品进行对比，让客户消除了对产品质量的疑虑。

三、阐述产品附加值，让客户觉得“物超所值”

秦畅是一名销售员，主要负责销售印刷用纸。一次，他要负责把厂里的一些库存用纸销售出去。于是，他打电话给一位印刷厂厂长，他对这位厂长比较了解，知道他有实力，做事有魄力。

“陈厂长，您好。我是造纸厂的小秦，我听朋友说您为人非常好，我很想认识您，更想有机会为您服务。没有重要的事我也不敢打扰您，是这样的，我厂最近有一批库存纸需要处理，比市场价便宜500元/吨。我厂每年只有两次特价，一次是2~3月份，一次是10~11月份。机会难得，关键是货不多，所以我不敢告诉更多的人，因为我的那几个朋友都很敬重您，按照厂里的规定，一次性购买500令纸的话，可以便宜500元/吨，一次性购买1000令纸的话，可以便宜600元/吨，您看您买多少令呢？我建议您还是一次性购买1000令比较合算。因为它可以立即为您节省将近两万元。”

“如果我只想要600令呢？”

“600令，我想想……噢，对了，我有一个朋友需要200令，正愁没个伴儿呢？要不您要800令，你们两家我做一张出库单，这样就可以享受1000令的优惠了，对大家都有好处，您看呢？”

“这样也行，就800令吧。”

这样，秦畅轻松地卖给了陈厂长800令纸。

销售员秦畅轻轻松松销售出去公司的囤货，是他施用了一套价格计，让客户感觉到自己享受到了实在的利益，其实，在当今社会，善于利用产品的附加价值，是优秀销售员成功的一大秘诀。美国营销学家里斯特所说：“未来竞争的关键，不在于工厂能生产什么产品，而在于产品能提供多少附加价值。”

很多消费者表示，更加看重产品的“附加值”，如手机、数码产品的“延保一年”服务，分期付款“0首付0利率”“家电医院”售后保障等以及超过国家“三包”范围的“永久保障”服务。

在21世纪这个科技时代，产品越来越趋于同质化，企业竞争制胜的关键已经由产品价格和质量转为服务。谁提供更多产品附加值，谁就越能吸引客户。致力于服务创新，为客户提供更多的产品附加值已成为一种趋势。

总之，世界上没有完全相同的两片叶子，也自然没有完全相同的产品，自然就有优劣之分。因此，在介绍产品的过程中，我们如果能突出产品的特点和优势，对于说服客户就会有很大的帮助。

销售技巧点睛

1. 同样的产品，人们更愿意买到更便宜的，价格优势始终是人们关心的一大卖点。

2. 为什么你的产品贵？只有让客户看到你产品的与众不同之处，他才会打消顾虑。

3. 销售员在介绍产品的时候，应该重点强调自己的产品或服务带给客户的额外价值在哪里，并引导客户把注意力放在额外价值上面。

客户博弈：有的放矢，与客户打好心理战

有人说，销售是一场斗智斗勇的活动，自始至终，销售员都在与客户进行博弈，介绍产品同样如此。当客户以各种理由拒绝或者摇摆不定时，我们需要做的就是根据不同的情况，找出问题的关键所在并解决，让客户燃起想购买的欲望。

一、尽量让客户说出拒绝的原因，对症下药，予以解决

杨旭是一家化妆品公司的直销员，一次，她敲开了一扇门，对一个美丽的太太介

绍完自己的产品以后，那位太太却说："你们的产品很好，但我不需要，我昨天才买了一套，谢谢你了。"于是，杨旭就这样被"赶"出来了。

杨旭在介绍产品时，只是一味地介绍自己的产品，而忽视了探求客户的心理，所以遭到客户拒绝。遇到这种情况，很多销售员就泄气，放弃努力，然后进行下一轮的销售。其实，这种做法是不正确的，如果你能坚持，拿出足够的勇气和耐心，把这种异议看成是一种希望。每个客户拒绝产品都是有原因的，可能是嫌贵，可能是担心产品质量问题，可能是担心售后服务的问题等，聪明的销售员就应该想方设法让客户尽情地说出自己拒绝的理由，这样，与客户博弈也就有迹可循了。

比如说，销售员可以用暗示的方法跟客户讲："这是一个很重要的问题，我们一道来研究好不好？"

二、把握客户的购买心理，站在对方的角度介绍产品

小张是一家大型商场的空调销售员，一天，一对老年夫妇看上了一台挂式空调，这时，小张走过来，对他们说："叔叔阿姨，你们家人多不？"老两口数了一下，家里人还真不少，小张说："我看人多的话倒是可以买个立式的，我们现在正在做活动，现在买一台立式的，价格在6000元以上的话，就免费送两台挂式的，就当给孩子们买台空调！"老两口一算，挺划算的，没多说什么就买了。

小张之所以能成功卖出空调，就是因为他把握住了客户的购买心理，从客户的角度介绍自己的产品，让客户能切身感受自己能获利。在销售的过程中，了解客户的购买心理，从而站在客户的角度介绍产品，这是成功销售的重要一关。客户的购买心理包括：客户为什么会产生这样的动机？客户为什么会对商品产生兴趣并且买下来？为什么他们选择这种产品而不选择那种产品？这些问题就是客户的购买心理在起作用。在为客户介绍产品时，能对他们的心理有所了解，就能有的放矢。

客户的购买心理不是单一的，按照不同的划分标准有着不同的分类，如求"实"、求"真"、求"美"、求"利"、求"名"、"跟风"心理，只要销售员能够准确地把握住客户的购买心理，然后从他们的角度介绍产品，那么成功的概率就会比较大了。

三、以一敌十、群体博弈，对一群客户介绍产品

有一对夫妻去看房子，销售员很热情地向他们介绍各种房屋的特色。从谈话中，销售员慢慢地了解到女方对游泳池情有独钟，而且中国的家庭往往是男主外，女主内。销售员不断地向那位夫人谈到游泳池，以至于当先生说到销售员推荐的房屋的缺陷时，销售员马上就说："太太您看，从这个角度就能够看到游泳池，而且这间房离游泳池很近。"结果，虽然先生对推荐的房屋很不满意，但是这对夫妻最终购买了一套离社区游泳池很近的房屋。这个销售员的精明之处就在于懂得了擒贼先擒王的原则，一般的家庭，在生活与购物方面都是女方拿主意，所以那位销售员只是千方百计地打动女方的心，最后取得了成功。

很多时候，我们在谈判的时候，客户并不是一个人，这时候，我们就需要采取措施，做到以一敌十，而案例中的销售员就利用了抓住关键人物的办法。打蛇打七寸，擒贼先擒王。这是前辈们在无数次的争斗中总结出的经验。成功地谈判应从确定谈判对手，找到对方关键物入手。谈判中的每个人对谈判的成败都有影响，其中影响最大的就是谈判中的关键人物。要想把握谈判的主动权，成功地进行谈判，这就要求销售员找到对方的关键人物。从关键人物出发把握谈判的成败。

当然，除了抓住关键人物这一方法外，我们还要学会利用名片的作用，因为名片上记载了你的个人信息。倘若你这次销售成功了，如果客户再有需要而无法联系你，这势必会造成客户的流失。并且，在发放名片的时候，还有一些小窍门：

比如，将名片的反面朝上，因为名片的反面都印有销售员的销售内容、项目等，一般来说，客户首先关心的是你能给他带来什么业务，进而带来利益，当你所销售的产品能满足客户的要求时候，他自然会对你本人产生兴趣，从而翻过名片看你的资料。

的确，由于拜访的客户较多，以致我们一而再、再而三地去对他们介绍产品，对方却由于意见不统一而无法达成共识，对此，拜访时必须想办法突出自己，赢得客户大多数人的关注。

总之，知己知彼，百战不殆，销售过程中自然也是这样，与客户博弈，需要我们探究客户的心理，逐一解决客户的内心疑虑，我们的销售也就能水到渠成。

1. 向客户介绍产品也是一场心理战，挖掘出客户拒绝的理由，能帮助我们有针对性地解决问题。

2. 介绍产品要从客户的利益角度出发，让客户看到你的贴心，才会接受你的产品。

3. 客户人数较多时，突出自己，引起别人的注意，别人才有可能注意你的产品。

介绍中肯：不偏不倚，不要为了销售而销售

万事万物，皆有优缺点，人类制造的各种产品也是这样。美国首屈一指的个人成长权威人士博恩·崔西也说过："说尽优点，不如暴露一点点真实。"销售员在介绍产品的时候，应该实事求是，要尽量保持语言客观性，这样不但可以突出产品的特性，还可以让客户更容易接受。

一、实事求是、不要过分夸大产品优点

林敏是一家化妆品公司的销售员。一次，她去拜访一位公司的部门经理刘小姐，向她销售一款新上市的祛斑产品。

"刘经理，您好，我是林敏，我前几天给你打过电话，向您介绍过祛斑产品。当时，你说过两天再说，今天正是两天后的那一天。所以，我想问您一下，您考虑

好了吗？”

哪知对方仍旧说：“没有，当时我只是说说而已。”

这时林敏说：“祛斑产品是越早使用越好，不然等年纪大了，祛斑难度就大了。我建议您不用考虑了。”

“不用，我现在收入不稳定，还没有足够的闲钱买你那一套昂贵的产品。”

林敏又说：“我们的产品虽然昂贵，但绝对能保证你使用后，让你回到二十岁，而且，绝不会复发，无论是痘痘还是雀斑！”

“哪有你说得那么神啊，我又不是小孩子，相信你这一套，算了，我还有事，你回吧！”

林敏销售失败的原因在于她过分夸大产品的功用，让客户反感。每个销售员在销售产品的过程中，最重要的部分莫过于向客户介绍产品。明白这一过程的重要性，很多销售员为了能让客户购买产品，什么方法都采用，甚至不惜夸大产品的功用和性能，将产品说得天花乱坠，有些客户便轻信了销售员的说辞，购买产品后，却又发现，产品实际上并没有销售员吹嘘得那么好，于是，他们再也不购买这个销售员的产品；也有一些客户，比较理智，他们对那些将产品说得天花乱坠的销售员会心生反感，根本不予理睬，销售活动也因此终止。

所以，销售员在销售产品时不要过分夸大产品的优点，这样会让客户产生过高的期望值，以后你的产品达不到你所说的优点，客户就会觉得你是在吹牛，甚至在欺骗，这样对你的产品、对你的人品都会造成不良影响。

二、扬长避短，适当提及产品的缺点

一个销售员说：“前几天，相信大家都看了那一则新闻，有个年轻的妈妈，买了便宜的奶粉，结果孩子喝了这劣质奶粉，几天都在腹泻，想想真是得不偿失。而我们公司的奶粉都是经过国家很多部门审核的，在质量上绝对可以信任，虽然价格贵些，但它绝对安全，虽说多花些钱，消费者购买了它，买的是放心。”

这位销售员在进行产品介绍的时候，采取的是对比的方式，但是毫无夸张的成分，她客观地为客户表达了自己销售的产品的优点，让客户觉得中肯、信任，同时又委婉地提及了价格贵的缺点，这样客户会觉得这位销售员是诚实的人，客户也会容易接受。

客户对产品的优缺点有了全面的把握，才会对产品更放心，因为客户也知道世界上没有绝对完美的产品。因此，销售员适当地把自己的产品的缺点告知客户，反而会取得客户的信任，但销售员要注意将客户的眼光引向产品的优势。这样，客户就能坦然地接受产品的短处。

三、评价对手的产品要客观，不可一味贬低

秦奋是一位健身器材销售员，一次，他去拜访一名客户，当自我介绍完，并把相关资料递给客户后，秦奋说："我们公司推出的这款按摩椅可以促进血液循环、矫正脊椎、有效防止椎间盘突出，采用的都是国际先进技术。"

客户说："这些我都知道，但是你们的价格实在是太贵了，同类产品××产品只卖5000元，而你们居然卖到8000元，这相差太多了。"

秦奋说："他们的产品是仿制我们公司生产的，在质量和效用上根本就没有保证。"

客户说："但是同样的功效，他们的价格却比你们低得多啊。"

秦奋说："我承认他们的产品价格是比我们的产品价格低很多，但是我们公司的产品是经过质量认证的，经久耐用。我也曾去看过他们的产品，发现他们的产品是仿制我们公司生产的，在质量上也没有任何认证，没有质量认证，在使用的时候就会存在隐患，效用也无法和我们公司的产品相比。"

客户说："可我从来没有见过你们公司的广告啊，人家的广告倒有很多。"

秦奋说："我们采用的是直销模式，所以没有广告。宣传也是为了把产品的品牌打响，我们公司的产品靠的是质量和先进的技术，而且我们公司的产品比同类产品功能多，能为客户提供更多的服务……如果说宣传，用过我们公司产品的客户都可以是我们公司的宣传代言人。"

客户说："哦，是这样呀。"

案例中，销售员秦奋推荐产品的方法是值得我们学习的。销售员在销售的过程中，难免谈及竞争对手的产品，此时，你不能一味地抬高自己、贬低他人的产品，因为客户都是有自己的主见和思维的，一味地诋毁他人的产品，不仅不能为自己的产品树立形象，还会让客户产生反感，甚至对你的人品产生怀疑。所以，销售员要恰当地

拿自己的产品与同类产品相比较，从而让客户看出自己产品的优势。

当今社会，无论哪行哪业，都存在着激烈的竞争，尤其是销售行业，能否具有竞争力，能否让客户选择自己的产品，这对最终的成交很重要，关乎一个销售员的销售业绩和生存状况。销售员在销售的过程中，难免谈及竞争对手的产品，此时，销售员的评价一定要客观、公正，不能一味地贬低。另外，销售员更不能恶意诋毁，说竞争对手的坏话。其实，销售员如果在客户无意识的情况下顺便点出竞争对手产品的缺点，则会不显山露水地达到比较的效果。

事实上，十全十美的产品是不存在的，在价格和质量上一般都会存在一些冲突，而如何将这种冲突降低到最小，就要看销售员的嘴上功夫。销售员在向客户介绍产品时，除了要抓住产品的卖点，还应做到诚实、中肯，不能弄虚作假。

销售技巧点睛

1. 产品的卖点也就是产品的优点，但这并不代表产品就能解决一切问题，优点也是相对的，销售员不要夸大长处，要实事求是。

2. 要针对客户的实际需求来展开，而不是一味地强调长处，因为这里所谓的长处，并不一定是客户最需要的。

3. 适度避短，避短不是隐瞒短处，而是把短处委婉地讲给客户，并让他们接受。

第10章

打消顾虑，
客户心结三言两语巧妙解开

“晾”出问题，让客户吞下这颗“定心丸”

在销售过程中，客户总是存在这样那样的疑虑，而这正是阻碍成交的最大障碍之一。但客户会有这样那样的疑虑也是有原因的：如有些销售员为了尽善尽美地展现自己的产品，总是报喜不报忧，甚至把产品吹嘘得趋于完美，并刻意隐瞒产品或服务的缺陷：你销售的化妆品明明是由化学物质制成，你却说是纯草本植物；你负责销售的电脑辐射很大，却说电脑的辐射是行业里最小的；交货日期明明最起码要一个月，你却说只要二十天……你这样说，并不会取得客户的信任，相反，客户迟早会发现你的伎俩，给销售造成障碍。而实际上，客户的一些疑虑我们完全是可以可以预防的，比如，主动暴露产品的某些无关紧要的小缺点，或者主动提出客户的疑虑，把可能出现的问题“晾”出来，这样就等于给客户吃了一颗定心丸，从而使其对我们产生信任。

一、“晾”出产品优点，让客户主动说“是”

小齐是一名供暖设备的销售员。一次，他要将一批供暖设备销售给某假日酒店，客户对他的产品很感兴趣，但到最后，却并没有如预料中那样顺利地成交。小齐知道问题出在了价格上，于是，他主动提出：“王总，我明白，可能您觉得我们的产品贵了些，这一点，我也承认，但在刚才我给您演示产品的过程中，您也看到了，我们的设备是一套节能环保设备，甚至可以变废为宝，这是其他任何供暖设备所不能做到的，也会为贵酒店带来很多可观的收益……”小齐说完后，对方连连点头，最后顺利签了约。

销售案例中，销售员小齐之所以能成功说服客户购买，就在于他能在客户提出价格异议前，主动告诉客户产品“贵”的原因。这样，客户就会打消“购买产品会吃亏”的疑虑，自然会选择购买。

销售过程中，最具说服力的劝服技巧无非是让客户自己承认产品的优良、服务的到位等，让客户在拒绝之前先说“是”，就能有效将客户的拒绝遏制住，比如，你可以对客户说：“××先生，您应该知道我们的产品向来都比A公司的产品价位低一些吧？”

当然，销售员在让客户肯定某些销售情况时，必须要对该情况有十足的把握，不能让客户抓住把柄。

二、“晾”出产品不足，让客户感受到你的诚实

一家医院和一个药厂合作了很多年，可是突然决定不再使用那个药厂的产品了。原来，药厂的一位销售员到医院去向医生介绍一种治疗风湿病的药，他对那位医生说：“张医师，只要有了这种药，保证你们医院所有的风湿病人都可以被治好。”

医生听后很生气，说：“你还真敢吹牛。把我当傻帽啊，风湿病是无法根治的，以后我们医院再也不用你们厂的药了，你走吧。”销售员只好悻悻地走了。

案例中，销售员所犯的错误很明显，没有如实、客观地说明产品功效，反而夸大其词，而他忘记的是，和自己合作的是医院，医院对所有药品的性能和功效都有一定的了解，况且，他犯的还是常识性错误，自然会引起客户的反感，生意失败也在情理之中。相反，如果这位销售员能够实实在在地说明他们药物的作用，比如“张医师，我们通过大规模的实验证明，这种药物对绝大部分的风湿患者能有效减轻症状，这里有一份报告，您可以看一下。”或许那位医生还可以考虑一下。而他所夸大的事实正好是医生的专业所在，也就怪不得医生会生气了。

而实际销售中，我们可能经常对一些销售前辈们的做法感到不解：为什么他们会主动向客户透露一些产品的缺点？这样做不等于赶走生意吗？其实，并不是如此，这些销售前辈们的做法是正确的。因为任何一个客户都明白，没有产品是完美无缺的，如果我们一味地只提产品的优势，而掩盖产品的不足，反而会引起客户的更多疑虑甚至反感，“不打自招”则会打消客户的疑虑。

所以，每一个销售员都应该明白：诚信是维持友好客户关系的根本，只有以诚实的态度和恳切的心情去与客户打交道，才能拥有更多客户，销售工作才能更好地进行下去。

三、巧妙地告诉客户真相

我们给客户吃定心丸，告诉客户某些产品的缺陷和不足，也是讲究技巧的。告

诉客户产品的真实情况，也并不是说销售员要将所售产品的问题简单地罗列在客户面前。如果销售员冒冒失失将产品的某些缺陷告诉客户，客户可能会因为接受不了这些缺陷而放弃购买。相反，如果销售员掌握一定的技巧，不但可以赢得客户的信赖，而且还可以更有效地说服客户，使客户产生更加积极的反应。比如，你可以转移话题，告诉客户产品其他方面的优点。许多时候，当你运用恰当的技巧诚恳地解释清楚个中原委时，明理的客户不但不会产生情绪，反倒会被销售员的诚实可信所打动。

总之，销售员还必须明白，真正的销售技巧，就是要让客户长期地信任你，为此，销售员有时候就不妨主动给客户吃颗定心丸，主动告诉客户某些产品的真实情况，这样就会获得客户的信任，防止客户顾虑过多。

1. 叙述产品不足时，销售员态度一定要认真，让客户觉得你足够诚恳。

2. 所晾出来的产品的不足一定是无碍大局的，不影响产品给客户的整体印象的。

委婉指出，千万别直接反驳客户

销售过程中，客户难免会在购买前存在一些顾虑，甚至对产品存在某些误会。但无论客户说出什么样的话，销售员绝不能直接反驳，那会让客户很没面子，甚至与你大动肝火。这时，如果客户所说的话是无关紧要的，销售员就可以置之不理，一笑了之，继续谈话；如果客户对于你的产品或服务有误解，你就应该采取先肯定后否定的谈话方式委婉侧击，如“您说得没错，但是……”，也就是先同意对方的观点，然后再以一种合作的态度来阐明自己的观点。

一、先肯定客户的异议，缓和客户的情绪

一天，某商场电器专区来了一位年轻的小姐，转悠半天后，她的脚步停在了一款小型冰箱前面。

销售员：“小姐，请问我有什么可以为您服务的？”

客户：“听说，你们在小型冰箱这一块做得不错。”

销售员：“是的，请问您是想买冰箱吗？”

客户：“我随便看看。”

销售员：“哦，那你看看这款冰箱吧，这是我们今年刚从国外引进的，无论是家居还是车载，都很方便。”

客户：“进口的？那一定很贵吧？”

销售员：“这是德国××品牌旗下最有名的产品，售价是2500元。”

客户：“不是吧，这么贵，这种小型车载冰箱，一般最多卖到一千元，网上也只卖几百元，我刚刚也看过几款，最高的也没超过1500元的。”

销售员：“您看的质量怎么能和这种国际品牌比呢？一分价钱一分货。”

这位小姐一听，头也不回地离开了。

这则案例中，我们可以看出，原本这位客户对该品牌的小型冰箱很感兴趣，但最终却选择离开，这是为什么呢？原因很简单，客户称产品贵，这名销售员不但没有进行挽留，反倒说：“您看的质量怎么能和这种国际品牌比呢？一分价钱一分货。”这样说，不仅否定了客户的眼光和欣赏水准，还贬低了竞争对手的产品，让客户觉得这位销售员素质不足，自然会选择离开。

当客户对产品价格有异议时，我们一定要注意自己的态度，一方面要承认同类产品便宜；另一方面也要为自己的产品贵做好解释工作，让客户看到你的专业素质，并让客户做出在“鱼”与“熊掌”之间做出明智的抉择。

在销售过程中，客户提出异议，这是很正常的，任何人在购买的时候，都希望能质优价廉，这也是阻碍我们销售进程的主要原因。对于客户的异议，有时候是真实存在；但也有一些方面来自于客户对产品的不了解。特别是对于后者，一些不够理智的销售员和销售新手们就可能直接反驳客户，表面上看，这样直截了当的反驳客户是维护了产品的信誉，端正了客户的观点，但实际上，这样做无疑会使客户流失掉。所以，销售员都应该借鉴上面案例中的教训，拿出耐心和诚意，心平气和地与客户沟通，才能让销售变得顺利。

二、保持良好的服务态度，耐心给客户一个合理的解释

某保健用品公司的销售员正在与客户沟通保健仪器的事：

销售员："先生，您好，我是××保健仪器公司的销售员。您看，这是我们公司的新研制的保健仪器，目前刚刚投入市场，非常受欢迎。它对腰椎、颈椎和肩膀都有很好的保健功效，特别适合有颈椎病的患者使用……"

客户："请你等一下，你是哪个公司的？"

销售员："我是××保健仪器公司的。原来您知道我们的牌子，那就更好了。您以前一定接触过吧？"

客户："听说过，没敢接触过。你们的产品谁敢接触啊？"

销售员："您这话是什么意思？"

客户："听说你们的产品质量经常出现问题，还出过一些事故呢。而且，听你的介绍，价格也不便宜，我可不买这样的产品。"

销售员："谁说的，我们的产品从来没有过质量问题，我们的产品还供出口呢，怎么可能有问题，真是的！"

客户："谁不说自己的瓜甜，质量再差的产品在你们嘴里也能成为优质产品。你们的产品我不需要。"

销售员："怎么会？您不能随便相信外面的传言啊。我们公司的产品是有质量保证的，您看这是产品质量鉴定书还有获奖的宣传册……"

客户："不用看了，用不着你来教育我，自己的产品有问题就不要到别人身上找原因。你还是走吧。"

销售员："你这个人怎么这样不讲道理？真是的。"

案例中，这位销售员犯的最大的错误就在于直接反驳客户，与客户发生争执。假如他能以实事求是的态度倾听，用婉转迂回的方式沟通，销售结局恐怕大相径庭。的确，对于客户的异议，若销售员直接否定客户，就如同用一把大刀将销售工作拦腰截断。一旦对客户直接反驳，销售工作就很难再开展下去，销售员再多的努力也将无济于事。

此时，销售员可采用先肯定后否定的迂回战术，既表达了自己的观点又不伤害与客户之间的关系，自然销售工作能够继续开展下去。这也是优秀销售员在面对客户提出异议时经常使用的方法。比如：

客户："现在的学生根本不认真读书，连学校的课本都不愿读，哪里会看课外读物？"

销售员："是啊，现在的孩子是不怎么喜欢读书，正是考虑到这点，我们在策划图书的时候，也就是从这点出发的，将图书设计得形式新颖，内容丰富，孩子们一见就会喜欢上它……"

对客户提出的反对意见先给予肯定，这种方式比较适用于那些客户并不十分坚持的反对意见，这些意见大多是客户拒绝的借口，或者产品上的一点小问题等。

当然，有些时候，客户有异议，大多是因为听信了某些不实的言传，或者是一些自身认识的原因。对于这样的客户，销售员要明白，事实胜于雄辩，最好的方法就是用事实来说话，用真实、准确、全面的知识和数据来说服客户，从而使客户对自己的错误观点产生怀疑。

总之，"客户永远是上帝"，这是每个销售员应该遵循的信条。的确，有时候，可能客户的异议让我们感到为难甚至不悦，但无论如何，我们都不要直截了当地否定，更不能与客户发生争执，而是要拿出销售员应有的热情和诚恳，耐心地与客户沟通，尽量在言语间表达自己的良好态度，并将语言组织得完整、易于被人接受。

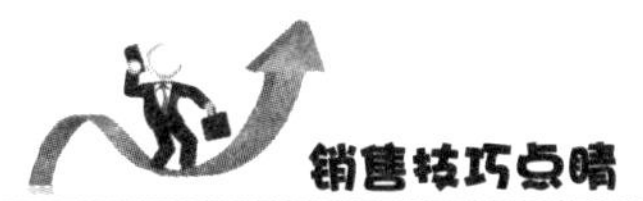

1. 直接反驳客户会让客户觉得很没面子。

2. 肯定客户的感受，才能获得认同感。

3. 给客户一个合理的“说法”，客户才有可能放弃原先的想法。

巧妙探寻，找出客户疑虑后的真实意图

销售过程中，客户对产品总是存在这样那样的疑虑：你在向客户讲解具体的产品性能，客户却因为成见而不置可否；你向客户报出最实惠的价格，客户却以为你漫天要价；你真诚地对待客户，客户却以为你包藏祸心，小心防备……这些疑虑导致客户不赞同，提出质疑或做出拒绝的言行。客户存在疑虑，这无可厚非，但若客户为了防备销售员，为了掩盖自己的真实意图，表现出的是假的疑虑，这就无形中给我们的销售工作带来难度。此时，我们要想成功销售，就必须要揭开客户疑虑后的真实意图。

当然，在实际的销售中，客户的真实意图和借口是比较难区分的，因为他们之间不存在一个确定的界限，两者是随时随地发生变化的。销售员如果想有效地区分开这两者，除了具备丰富的产品知识外，还要善于在销售中总结经验教训，提升自己的辨别能力和劝服能力。

一、细心观察，洞察客户的非语言

一天，某化妆品店内来了一位年轻的小姐，她在店内转悠了半天，在一款新上市的面膜面前停了下来，并试用了一下产品。

销售员：“小姐，这款面膜是我们专卖店内目前销量最好的产品。你试用起来感觉怎么样？”

客户：“是吗？我还是觉得不适合我的皮肤。”这位小姐一边说，一边看产品价签，完全没有了刚才试产品时的一脸笑容。而聪明的销售员马上看出来了。

销售员：“小姐，这是我们今年限量款的主打产品。适合任何性质的皮肤，所以您可以放心使用，这也就是为什么我们的面膜比其他产品稍微贵点的原因。”

客户：“的确，这款面膜价格真的太贵了！”

销售员：“小姐，那您认为贵了多少钱呢？”

客户：“至少是贵了400元吧。”

销售员：“小姐，那您觉得，如果选用我们的产品的话，您可以用多久呢？”

客户：“这个嘛，我比较省，怎么也要用半年吧。”

销售员：“如果使用您以前用的那种化妆品呢？”

客户：“原来那个两个月要买一盒吧，因为效果不太明显。”

销售员：“这就对了，您看，您看原来那个牌子的面膜是200元一套，可以用两三个月，我们按照三个月计算，您半年需要花400元，但是小姐，实不相瞒，我们这种面膜如果您比较省，至少可以用一年，这是所有客户共同得出的经验，由于它含的营养成分比较多，所以只要稍微用一点，就可以了。”

客户：“真的是这样吗？”

销售员：“这是我的客户共同的见证。您看看我们的意见反馈表……”

客户：“这样啊，好，我相信其他女孩子的眼力……”

这则案例中，我们发现，这位化妆品销售员是聪明的。当客户提出护肤品不适合自己时，他通过观察客户的动作，发现了客户可能是另有其他原因，于是，他采取试探的方法，对客户说：“这也就是为什么我们的面膜比其他产品稍微贵点的原因。”对于这一说法，客户立即表示赞同，这也就是说，销售员的猜测是正确的。于是，接下来，销售员把工作重心放到了如何解决客户的价格疑虑上，从而达到了有的放矢说服客户的目的。

人们对待他人的态度，在语言上可能有欺骗性，但在神态、表情和动作上是很难掩盖和隐藏的，所以销售员要善于观察和分析，然后准确地判断客户眼神眉宇间透露出的不同信息，就很容易清楚客户表达的异议是否真假了。比如，当客户说："这件衣服是很早前流行的款式了，现在早过时了！"或者"这种照相机的功能我很喜欢，但是它的样子太丑了。"但眼神始终却不肯离开产品时，那么，这就并不是他的真正想法，而是想借这种假象，来取得销售员的让步。

二、看客户提出的反对与产品的关系是否密切

销售员："太太，我们的这种美容按摩器可以有效地促进面部的血液循环……您看过××明星为我们产品做的代言吗，其实××已经50多岁了，但看起来却像是30岁的人……"

客户："广告都是经过后期制作才出现那么好的效果的，你亲自在拍摄现场看到过××？"

当销售员向客户介绍关于产品的某些情况时，但客户却突然问起与这毫无关系的问题，这个问题多半是客户不想购买的借口。

三、仔细观察客户听完异议解释后的态度

客户提出疑虑，当你对这些疑虑一一作答后，如果客户还表现出漫不经心的态度，甚至继续问一下不着边际的问题，这说明销售员还没有找出他的真实意图。

在实际销售中，客户很可能会隐藏自己的真实意图，甚至会表现出各种各样的借口，判断出真假异议之后，针对真的异议，销售员要采用相应的解决方式；而假的异议，销售员就应该通过提问或旁敲侧击的方式来判断出客户的真实意图，从而更好地应对，做到有的放矢，最终达成销售目标。

1. 无论客户的真实意图是什么，销售员都不能直接指出来，否则便会伤害客户的感情，甚至惹怒客户。

2. 客户存在的顾虑，销售员不可直接反驳。

3. 委婉提问，能找出客户的真实意图，也能逐渐打消客户的顾虑。

表达真诚，让客户消除偏见、产生信任

人们常说，人与人交往，最重要的是信任。但在市场经济的今天，违背诚信这一准则的销售行为依然存在，而这使得很多客户对销售员产生了一种偏见。很多客户认为销售员说的任何话都是花言巧语，为此，他们在购买任何产品时都小心翼翼，警惕性很高。

当然，客户对销售员的话半信半疑，除了曾在购物中被骗的原因外，还可能是客户自身性格的原因，有一些客户，他们天性多疑，无论做什么，都会深思熟虑，力求滴水不漏。但不管什么原因，我们都要使用语言技巧，消除客户的疑虑，从而实现交易。

一、态度坦诚，语言诚实、中肯

一天，一位先生来到商场，准备购买一款数码相机。在销售员的一番介绍后，这位先生终于表态了。

客户：“你们这款相机真的有你说的那么好吗？我看不见得吧。”

销售员：“关于产品的性能，我刚才也为您展示过了，估计您也能发现，这款相机是同类产品中性价比最高的，不仅技术上先进，价格也相对优惠很多。”

客户：“可是，我怎么觉得这相机后面的这部分摸起来这么薄呢，很容易破掉吧？”

销售员：“我们的相机的外壳采用××型塑料制成，坚固耐用。这也是为了降低重量啊，同时也方便你的携带。”

客户：“好的，那给我拿一个吧。觉得还可以吧。”

销售员给这位先生拿了款新相机，但问题又来了。这位先生又说：“你给我的这款上面这个是什么啊，怎么看着这么旧，不会是人家的退货吧？”

此时，销售员已经不耐烦了，但他还是压住了情绪，对客户说：“这个您放心，这是一款颜色较暗的相机，并不是旧产品。最近几年，这种暗色调的相机一直很受欢迎呢。”

客户：“哦，原来是这样啊。那你给我包起来吧。”客户说完，销售员终于松了一口气。

的确，这类警惕性很高的客户是很难对付的，他们似乎总是有担心不完的问题，总是怀疑销售员会欺骗他。面对这类客户，销售员一定要保持镇定和耐心，就如同案例中的这位销售员一样，即使已经觉得不耐烦，也要调整心态，继续耐心回答客户的问题。

真正的口才，并不是口若悬河、滔滔不绝，而是诚实、中肯的谈话。尤其是在与客户初次接触的时候，客户一般都对销售员心存芥蒂，你越是想表现自己，越让客户觉得可疑度高。其实，你不妨诚恳、清晰地表达你的观点，话语不可过多，注意一些说话方式，这样就能让客户感觉你是一个可信之人。相反，如果销售员眉飞色舞、唾液横飞，就会给客户造成一种华而不实的现象，进而会把这种感觉过渡到你的产品上去。

二、出示令人信服的证据

销售员：“您好！我是A销售培训公司的杰克。我不知道您以前有没有接触过A

公司，但您肯定知道A销售培训公司是国内唯一专注于销售员业绩成长的服务公司。冒昧地打扰您，主要是考虑到您作为销售公司的负责人，肯定也会十分关注那些可以使销售员业绩提高的方法。”

客户：“嗯，你们公司的销售培训的确在业界享有一定的名声啊。”

销售员：“我想请教您几个问题（停顿），您现在的销售培训是如何进行的呢？”

客户：“是这样的……”

……

客户：“对了，你给我留一张名片吧，方便联系。”

销售员递上名片。

情景中的销售员就是通过介绍自己是某著名公司的职员，借助公司的名声来让客户信服，进而在客户面前建立了一种威信，让客户主动提出要名片，这样，更有利于销售成功。

事实胜于雄辩，可见，有时候，如果客户对你的话半信半疑，不如直接向客户出示一些实在的证据来，证明你说的话是真实的，这样就可以令他信服。

三、大方的面对产品的缺陷和不足

在产品质量和性能上，销售员可以适当表示出对客户意见的同意，甚至可以主动承认产品的一些小问题，当然这些问题是无伤大雅的，不会影响到产品的使用。这样，可以换得客户的信任。如：

“我们的产品质量虽然是一流的，但在款式上还不太时尚，这是我们需要改进的地方。”

在销售行业，一个出色的销售员不是完全靠口才堆积成绩的，而是靠信誉，靠人品，在如今企业用人的标准中，品德才是第一，能力仅是第二。销售员在销售产品时，一定要从客户需求和利益角度出发，真诚地为客户服务，绝不能欺骗客户，更不能夸大其词、胡乱吹嘘。

因为任何产品都不可能十全十美，比如包装、价格等方面，只是要看这些缺陷和不足有没有对客户造成困扰和影响，有些不足可以忽略，但有些则不可以。销售员在销售产品的时候，一定要诚实地跟客户说清楚，不然等到客户找上门追问的时候，就不好回答了。

总之，在销售工作中，销售员只要尽自己最大的努力来做好工作，能诚实守信、实事求是地对待客户，与客户沟通起来就会更加顺畅，更能赢得客户的信赖。

1. 理解客户的情感，尤其是他们多方面的疑虑和意见。
2. 适当暴露产品一些无伤大雅的缺点，能提高你说话的可信度。
3. 不可以利益为引导，否则，只会加深客户对产品乃至销售员的误解。

保持镇定，冷静应对客户对产品功效的疑虑

任何客户在购买产品的时候，都希望产品能物美价廉且趋于完美。但作为销售员，我们都清楚，没有任何一件产品是完美的。而正是因为这样，导致了很多客户在购买产品的时候，对产品百般挑剔，甚至对产品的功效直接否定："这件衣服的做工也太差了吧，这样的衣服你们也敢挂出来卖？""这冰箱制冷效果怎么这么差啊？"面对这种情况，一些销售新手会变得紧张，说话支支吾吾、语无伦次，并做出客户已经拒绝购买的判断。

其实，遇见此种情况，销售员完全没有必要紧张，因为客户也深知世界上没有绝对完美的产品这一道理，只要销售员能保持镇定，耐心地向客户解释，突出产品的长处，以此来淡化产品的劣势，就能打消客户的疑虑，从而促成销售。

一、保持良好的服务态度，不要试图与客户争吵

某电脑城，一位先生携带自己的儿子，准备为其购买一台电脑，经过销售员的介绍，父子俩都觉得一款黑色的笔记本不错。

销售员：“先生，您的眼光真不错，这款笔记本配置高，功能强大，非常适合现在的学生用，无论是学习还是游戏，都再适合不过了。”

客户：“是吗？这台电脑是什么配置？”

销售员：“这款电脑CPU是酷睿双核，主板前端总线1066MHz，CPU 1066MHz，DDR3内存1066MHz，”销售员拿出产品说明给客户看。

客户：“这款电脑真的像你说的那样？怎么可能这么高的配置这个价钱？你吹的吧？”

销售员：“其实我知道您担心买到不满意的产品，如果换我也会这样，不过对于这些数据我早就烂熟于心了，绝对不会有错误。而且，我们都会尽力提供好售前服务，否则客户发现产品不是自己想要的，结果回来退换货，麻烦的还是我们自己。另外，关于价格问题，是这样的，这周我们的店庆，所以，所有电脑都参与优惠活动。所以，您就放心吧。”

客户：“原来是这样啊。”

在客户心理，似乎都对销售员存在一定的质疑，尤其是这种空口无凭的解说，更会让客户觉得是在“吹牛”。案例中，销售员面对客户对产品功效的质疑，并没有采取如“准确，我都已经卖出去很多台了。”“怎么，您还怀疑我骗您啊？”“当然有事实依据了，我怎么能骗您呢？”等此类应对方式，因为这些回答，不仅没有说服力，还会加深客户的怀疑。案例中的销售员先肯定了客户的顾虑，然后再以诚恳的态度告诉客户，提供好售前服务是为了免于售后服务带来的麻烦，最后，他又针对客户所考虑的价格问题进行解释，最终让客户心服口服。

事实上，不管客户出于什么目的而否定我们的产品，我们都不能与之争吵。因为争吵解决不了任何问题，十之八九争论的结果会使双方比以前更相信自己绝对正确，你是赢不了争论的。要是输了，当然你就输了；如果赢了，你还是输了。因为客户已经丢了面子，不会再向你买东西了。不论你们争辩什么，你是得不到任何好处的。

当客户直接否定我们的产品功效时，我们一定要先认同客户，安抚好客户的情绪。以友好的态度来对待客户，营造出一种公平、愉快的氛围，让客户感觉到自己的感受受到了重视，此时，他就会愿意与销售员沟通，从而可能有更多的机会购买产品。

二、辨析客户的真假异议

一位小姐来到某化妆品专柜购买化妆品。

客户："我可以试用一下这款眼影吗？"

销售员拿出试用装："好的，您试试吧！"

客户边试用边说："这眼影怎么感觉就像次品啊？"

销售员："谢谢您的建议，我们在生产技术上，一定会尽力提高的。您能否对我们产品提些具体的建议，比如，哪些方面不够上档次呢？"

客户："它的颜色不均匀。"

销售员："颜色的不均匀是为了更好地突出眼睛的出彩，这可是最新技术。"

客户："这个，我还是觉得颜色不太好啊。"说此话时，客户的眼睛从没离开过产品，并且流露出喜欢的目光。

销售员："小姐，实不相瞒，您看上的这款眼影现在就剩下一套了，厂家也不会生产了，如果不及时购买的话，恐怕就买不到了。"

客户："这倒是，那既然是最后一款，你们能不能给我打个折？"

销售员："这请您放心，因为是最后一款，我会给您申请八折优惠。"

最终，这位客户购买了这款眼影。

这则案例中，我们可以看出，这位客户是精明的，看上了产品，却并没有表现出来，相反，她却称产品不够档次，像次品，其实，她挑剔产品，无非是希望销售员能在价格上对其做一点让步。正是看出客户对产品的喜爱，销售员首先肯定客户所谓的"意见"，然后引导客户说出具体的"不够档次"的表现，但实际上，销售员并没有直接回答客户的这些问题，而是抓住客户想购买的心理，以"限量生产"的回答来激发客户的购买欲。而最后，客户终于说出自己的真实意图，而很明显，她的顾虑是多余的。

很多时候，客户称我们的产品功效差，并不是真的异议，而是希望得到优惠和降价或者为了达到其他目的，此时，如果我们不能辨别出客户的真假异议，就会在与客户沟通的时候南辕北辙，达不到真正的沟通效果。当然，这需要销售员运用敏锐的观察力，从而发现客户的刁难并非真实的异议的。通过对客户言行举止进行认真观察，来加深对客户的认识并把握交流方向，是很多优秀的销售员经常使用的一种方法。

另外，积极地询问也是找出客户刁难我们的真实原因的一大良方，多问一些"为什么"，让客户自己说出原因。这样，更有助于我们准确地做好判断。

三、以客观平实的言语描述产品性能

"这种无油烟炒锅，炒菜时不但没有油烟，还不会煳锅。以后您炒菜的时候就不用担心总是会满身油污了。"

"这款手机虽然价格便宜，但支持蓝牙、红外和数据线，扩展功能强。"

"这种复印机只要扫描一次，就可以复印很多次，而且每次复印效果同样清晰。"

……

销售员在介绍产品的时候，要尽量保持简单明了，以客观平实的语言描述产品性能，避免啰唆和聒噪，这样不但可以突出产品的特性，还让客户容易接受。

当然，这里同样要求销售员在介绍产品的性能时，要绝对真实可靠，因为它展示的是该产品的主要功能和特性，如果存在虚假信息，必然会产生不利的影响。

总之，无论客户对产品存在什么样的顾虑，销售员都要加以重视，灵活应对，摸清客户的真实意图并为客户提供周到的服务！

销售技巧点睛

1. 要让客户相信你的产品，不如先让客户信任你。

2. 产品本身的确存在问题时，要尽力为客户解决，并诚恳道歉。

3. 学会扬长避短地回应客户指出的某些产品功效的问题，但要实事求是，不可弄虚作假。

第11章

化解拒绝，
关键话语留住客户的脚步

制造难题，让需要“再考虑一下”的客户有紧迫感

销售过程中，很多时候，无论销售员怎么热情地介绍产品，客户似乎都觉得产品可有可无，通常他们会告诉销售员“再考虑一下”，而实际上，这只不过是他们习惯性拒绝的借口。这种情况下，销售工作该怎样进行下去呢？客户没有很强烈的购买欲望，是因为没有急需产品的紧迫感。此时，当常规销售方法不起作用的时候，我们不妨主动出击，为客户制造点难题，从而让客户自己感知到产品的必需性。

一、暗示客户如果不购买可能会造成某种利益上的损失

小刘是一名生产设备销售员，他有个“老顽固型”客户，这位客户的工厂里的机器已经陈旧的几乎无法再继续使用，但他就是不愿更换，任凭小刘苦口婆心地分析更新设备带来的利弊得失，他就是不为所动。无奈之下的小刘决定亲自去客户工厂看一看。

来到工厂后，小刘在客户经理的带领下参观起了生产车间。看着那些陈旧、难看的机器，小刘突发奇想，对客户经理说：“您知道隔壁工厂这月的生产量吗？”

客户：“我知道，我也一直为这事儿纳闷儿呢，以前我们两家的生产量差不多，但最近不知道为什么，他们的生产量突飞猛进。”

小刘：“其实原因很简单，就是他们购买了我们公司新研发的××牌生产设备，生产效率大大提高。实际上，不仅是他们一家工厂，全市大部分同行业的工厂都购买了我们的设备，我想汪总您也不希望自己落后吧。”

客户很尴尬，之后，在同小刘的交谈当中他一度陷入沉思。最后，当小刘即将离开时，他主动提出想购买一套新的生产设备。

在这则销售案例中，销售员小刘之所以能让顽固的客户最终决定购买新的生产设备，是由于他利用对比的方法，让客户认识到如果自己不购买产品，将会落后于同行

和竞争对手，迫使客户心理失衡。

为客户制造些难题，让客户感到产品的必需性，是销售过程中常用的方法。对于那些对产品没有急切的需求，强调要再考虑一下的客户，我们也要积极争取，主动出击，用最有效的方式走进客户，引起客户注意，利用“问题制造法”一举拿下，从而保证销售工作顺利完成。

为此，我们便可以这样刺激他们：

销售员：杨总，说实话，我很了解贵公司的产品需要的设备，你们采用的是传统工艺，需要的是一些经典的老设备，而这批是我们厂最后一批甲等经典设备，我们现在生产的所有设备都采用了新的工艺和技术，像这样经典的老设备可就是最后一批了，而且价格如此优惠，如果贵厂不加快行动，指不定哪个厂家就买去了。您看，你这周是周四还是周五晚上有空，我们面谈一下吧。

相信没有人会眼睁睁地看着自己蒙受损失而不为所动。销售员只要让客户明白，轻易拒绝会让他产生巨大的损失，这时候，客户一般会在内心权衡，他们宁愿不获取某种利益而不愿失去现有利益，这样他们便会因为担心而采纳销售员的意见，以摆脱内心的不安和忧虑。

可见，只要我们能主动出击，为客户制造点难题，掌握销售的主动权，客户一般都会向我们敞开大门或是立即成交。

二、既得利益受到威胁

销售员：郭总，您支撑这么大的娱乐城，一定很不容易，其实，娱乐城是安全隐患最严重的地方，鱼龙混杂，肯定免不了出现一些打架斗殴的事件，公司多少也受到了一些利益上的损失，所以，我建议您了解一下我们针对这种情况的保险业务，您看，您是明晚还是后天晚上有空，我去和您详谈一下？

再比如：

销售员：张先生，我最近做了一个市场调查，C公司的产品最近在市场上的占有率已经提升了20%，规模可是在您之上了啊，当初，它只不过是您旗下的一个子公司啊，可您知道吗，他们的优势在哪？他们的运输方式是国内最先进的，而这种运输方式，正是我们提供的……

当今社会，无论哪个行业，竞争都日益激烈，为了达到竞争的优势地位，很多企业或商家都在随时关注自己是否受到安全隐患或者潜在的威胁，聪明的销售员不妨利用客户的这一心理，在与客户沟通的时候，你可以分析给客户看并刺激他们，让他们明白其利益会受到威胁，这种威胁不可不防，而这种威胁只有我能帮你预防。这样客户就会接受我们，最终答应同我们面谈，并顺利成交。

当然，这些只是企业或者个人的利益受到威胁，销售员还可以从一些附加值利益，比如企业形象上刺激客户。但在刺激客户之前，销售员一定要清楚地了解客户的相关情况，否则很容易因为涉入不精而陷入僵局。

三、本着为客户考虑的本意

实际销售中，很多销售员表现出来的是为了销售而销售，这无疑会加重客户的种种疑虑，不愿购买。而客户只有在认为现在做出成交决定可以获得最大利益的前提下才会真正决定成交。所以，销售员要更多地站在客户的立场上考虑问题，要让客户明白你是在诚心诚意地为他们着想。

总之，销售员要审时度势，巧妙运用“问题制造法”，当客户拒绝和你沟通、试图挂电话的时候，我们应该自信地告诉客户：如果你不了解这些信息，你将面临巨大的问题或损失；如果你不接受我的意见，你将落后于你的竞争对手。通过这样的暗示，让客户产生强烈的好奇心和兴趣，从而主动了解我们的业务和产品。

销售技巧点睛

1. 销售员在让客户产生购买产品的紧迫感的同时，一定要注意自己的说话方式和态度，不可让客户觉得自己受到威胁。

2. 我们在给客户制造难题的时候，最好先把握住客户关注的焦点。从焦点入手，让他们了解拒绝可能会导致关注点的损失，从而一举击破对方，让对方俯首就擒。

陈述卖点，让“想再去别家看看”的客户留住脚步

俗话说：“货比三家不吃亏”，任何一个客户都知道这个道理。因此，他们在挑选产品的时候，总是希望有更多的余地。而正是因为这一心理的存在，给我们销售员带来很多困扰：无论怎么介绍产品，客户总是一副可买不可买的态度，然后对销售员说：“我想再去别家看看。”客户之所以会有这样的态度，无非有两个可能，一方面是因为你推荐的产品品种实在无法满足客户的挑选要求；但大多数情况下，则是因为客户这种“货比三家不吃亏”的心理。对此，销售员想要留住客户，就需要掌握一定的沟通方法，以独特的卖点吸引客户。

一、先稳住客户，不要让客户流失

陈小姐发了薪水后，准备买一条裙子。她进了一家时装店。在店内逛了一圈后，她摇了摇头，说：“唉，我还是去别家看看吧。”

站在她身旁的销售员立即说：“小姐，您先留步，请问小姐您是否是觉得我们店的时装种类太少，你觉得选择的余地不大？”

客户：“是啊，就这几件衣服，客户怎么选？”

销售员：“的确，您说得很有道理，开时装店首先就要吸引客户的眼球，不过我们老板非常喜欢有特色、经典的时装，款式不落伍又不落俗套。”

客户：“你这么一说，我还真发现，你们店的东西不一样。”

销售员：“是啊，产品贵在精而不在多嘛。我看小姐的装扮，也是很注重品位的人。时装虽然容易过时，但只要搭配得好，总是能穿出永不过时的感觉。”

客户：“你这看法，我很同意，您看，我身上这件裙子，别人都以为我是新买的，实际上，两年前我就买了，只是我喜欢以不同的方式搭配，因此，穿出来总是有不一样的感觉。”

销售员："是啊，您再注意看一下我们店的衣服，最大的优点就是容易搭配，而不是追求新奇！"

客户："是的，那你觉得我适合什么样的衣服呢？"

挑选了一会以后，销售员拿起一条裙子说："我看这件就不错，小姐身材很有曲线美，这条裙子的设计正是走的复古路线，肯定能凸显小姐的身材。"

客户："是吗？我相信你的眼光，我去试试看。"

最后，陈小姐兴高采烈地买了这条裙子。

在这则销售案例中，当客户称自己要去"别家看看"时，销售员并没有放弃销售，而是主动承认了客户的想法——产品种类太少，接下来，她也并没有以"新货过两天就到了""怎么会，已经卖得差不多了"等借口推脱，而是承认客户的观点，然后再向客户表明虽然种类少，但款式经典、有特色等，进而让客户有这样的感叹："你这么一说，我还真发现，你们店的东西不一样。"接下来，她再对客户的品位进行了一番夸赞，更是让客户对自己产生了信任感，最终促成了购买。

当客户说："我想再去别家看看，斟酌一下。"聪明的销售员都知道这句话是托辞，只要客户一踏出店门，是不会再因为斟酌清楚而再次光临的，因此，你要做的就是先稳住客户，不要让客户流失。

而要想留住客户，就要和案例中的销售员一样，讲明店里的产品在进货时都是经过精心挑选的，让客户感觉到店里的都是款式经典又十分畅销的产品。但是需要注意的是，销售员所说的话一定要与事实相符，如果店里的产品并非如此，销售员却硬是这样说，那么丢掉的可能就不仅是客户，还有店铺的信誉。

二、陈述产品的优势，用卖点跑赢对手

一对夫妻在商场里看到一种肥皂造型的东西，上面还有用毛线编织的十二生肖装饰，看起来非常可爱，这对夫妻非常想买这些产品，但不知道这些东西的用途，于是向销售员走过来，这名销售员发现客户对这种产品很感兴趣，于是，他细心地解释道："这个产品看着像香皂，实际上却不是，它是一种吊在浴室里，利用水蒸气慢慢蒸发，从而清洁空气的产品。"

"很有意思啊，我们多买一点吧，送一些给同事和朋友。"

这里，这对夫妻之所以一下子购买了产品，就在于他们发现产品很有趣。任何一个销售员，都可以从中吸取经验，对产品有足够的了解，了解产品的与众不同之处，才能让自己多一个销售筹码。

在追求时尚与个性的今天，人们也越来越注重产品的个性化。我们在购物的时候，也会不经意地发现那些小面积但却很有特色的店面。例如专门经营民族服饰的店铺、专门经营水晶饰品的店铺等，这些店铺虽然看起来不大，却往往内有乾坤。而如果这些店铺的销售员不善言辞，客户还是会觉得产品种类不足，故而“去别家看看。”

三、让客户感受到舒心的服务

现代社会，随着技术的发达、竞争的激烈，在产品质量和价格同等的情况下，人们便开始在服务上下功夫。而实际上，客户购买产品，也并非完全是考虑产品，也带有很大的情感因素，谁的服务好，客户就购买谁的产品。可见，销售员做好服务也是赢得客户非常关键的一环。如果照顾得不周到很有可能让客户感觉受到冷落，从而影响到成交量。

所以，作为销售员，当客户说想去别家看看时，你如果想留住客户，就要让客户感受到你的产品的特别，或者具有某种特殊的含义，让客户改变原有观点，以特色勾起客户的兴趣和购买欲望，实现销售目的。

销售技巧点睛

1. 与众不同的卖点始终是让产品脱颖而出的制胜法宝。
2. 在产品卖点不突出的情况下，销售员就应该致力于提高服务质量。

用事实说话，打消客户只认牌子不认产品的错误想法

当今社会，随着人们生活水平的提高和商品选择的多样性，人们的品牌意识越来越强，对品牌的热衷度越来越高，尤其是年轻的消费群体，更是将品牌定义为时尚和品位的表现。更有甚者，非品牌不购买。正因为如此，对于那些非品牌的商家，销售难度无疑就会加大。我们经常会发现，任凭销售员怎么介绍产品的优点，怎么劝客户购买，客户还是会产生疑问："我一向只买品牌产品，这种杂牌的产品没有保障，我可不敢买。"或者："有没有××牌子的产品，没有的话我走了。"这类客户常使销售员陷入尴尬。面对客户这种对品牌盲从的心理，有些经验尚浅的销售员会显得局促不安，并认为已经没有回旋的余地，只能放弃销售。而实际上，客户信任品牌，是因为品牌能带给客户一种安全感，所以，如果我们能够运用技巧，消除客户疑虑，继而选择购买产品，也并非不可能。

一、劝客户试用，先留住客户

某皮具专卖店进来一位小姐，她想购买一个包包。

销售员："小姐要包包吗？进来看看，款式多着呢！"

客户："这个皮包挺漂亮的，是什么牌子的？"

销售员："小姐真有眼光，这是我们昨天刚进的货，是××牌的，外形时尚大方，纯牛皮制造。"

客户："我没听说过这个牌子，我只要××这个牌子的，你们这里有没有？"

销售员："怎么会没听说过呢，我们可是全国知名品牌，好多地方都有我们的品牌店。你说的那个牌子，我们这里可没有！"

客户："这样啊，我再看看吧！"

于是离开。

客户冲着一个牌子来进行购买，这种情况，我们经常遇到。很多销售员认为，既然客户只需要那个品牌的产品，那么多说无益，于是，他们就会和案例中的销售员一样，直接告诉客户："我们这里没有这个品牌！"而这句话一出口，一般客户都会直接离去。

客户相信品牌产品，是因为他们相信品牌能带给他们安全感。为此，让客户肯定你的产品，最有力的方法就是让客户亲身体验，当客户接受了这个新产品，让产品效果说话，客户也就会接受这个品牌。

二、将产品与客户信任的品牌进行对比，突出其性价比

一天，一位小姐来到某商场内衣销售区。

销售员："小姐，你是想购买内衣吗？进来看看，款式多着呢！"

客户："这款挺漂亮的，是什么牌子的？"

销售员："小姐真有眼光，这是我们昨天刚进的货，是××牌的，它的透气性很好，受到很多年轻女性的追捧呢。"

客户："我没听说过这个牌子。"

销售员："是的，可能您没听过这个牌子，这可能是因为我们总公司对产品的宣传力度不够，但产品的销量确实非常好，一些老客户，七八年都买我们的内衣。对了，全国的大中城市都有我们的专卖店，不过本市只有我们一家。小姐肯定知道××品牌吧，这两年，我们努力地目标就是要成为和××一样知名的品牌。"

客户："真是这样吗？"

销售员："是的，我们品牌的设计理念就是要让每一位穿戴它的女性感觉轻松、舒服，起到保护身体的作用。毕竟，产品质量如何，也直接关乎我们的销售量和信誉度，把产品做好是任何一个品牌形成的最根本原因。"

客户："这话倒不假。"

销售员："您手上拿的这只是其中一款，您看看这边的款式，这边还有一些设计新颖点的款式……"

案例中，我们发现，这位销售员是聪明的，当客户提出"没听说过这个牌子"时，她并没有直接否认客户的观点，诸如这样回答："怎么会没听说过呢，我们可是

全国知名品牌。”“这个品牌推出好几年了，在这一行业很出名的。”因为这种解释未免显得太空洞无力，毫无说服力；她也没有直接承认客户的观点：“我们这牌子现在正在多家媒体上打广告。”“不瞒您说，这是个新牌子，刚刚上市。”因为这样回答无疑是验证了客户的顾虑。这里，她先给自己的品牌找了个不为客户知道的理由——“我们的宣传力度不够”，然后她再就品牌的目标和发展趋势告知客户，最后，她再将产品的主要优势介绍给客户，进行一系列的分析后，客户才打消了对这一陌生品牌的疑虑。

在对自己产品的定位上，要注意强调产品的性价比，只有这样，才能突出产品的特点。如果我们能见产品与客户信任的品牌进行对比，让客户看到产品的性价比，客户是不会排斥你推荐的产品的。

我们可以这样向客户提问：“那么，您觉得哪个牌子的产品好呢？”当客户回答后，我们首先要认同客户的观点，然后再将自己品牌的产品和名牌产品进行比较。如果二者相同，则强调自己产品的优势，如果产品不一样，则强调产品的特性。

三、让客户看到其他客户对产品的反馈情况

客户强调要购买某品牌产品，唯一能改变客户想法的就是其他客户对产品的反馈情况。因为在购买心理上，人们都害怕吃亏，而只有当周围的人都已经购买并反映良好时，他们的这种危机意识才会有所消减，这就是人们所说的从众心理。这也就是为什么客户对产品的反馈情况常常被作为一种证明产品信誉、口碑、质量的事实依据。可见，消费者对产品的反馈和评价，对产品本身来讲非常重要。所以，在你向此类客户介绍产品时，务必要向他出示其他客户对产品的反馈和评价表，如果反馈内容可以细化到客户的年龄、职业、对产品的好评，那么效果会更好。这些不仅可以从侧面表现出产品的畅销情况，同时也间接说明了产品的适用面，可以说是一种很有效的产品介绍方式。

总之，客户只认品牌不认我们的产品，我们就要从产品质量方面给予客户保证，并强调我们产品的优势不仅在于产品本身，而且在价格方面也会让客户感觉物超所值。同时，可以适时引导客户体验产品，让他体验产品为其带来的好处，使客户自然而然放弃对名牌产品的购买。

1. 如果你的产品上市已久，且市场表现良好，你最好先让客户知道产品的畅销度。

2. 在对自己产品的定位上，要注意强调产品的性价比，只有这样，才能突出产品的特点。

3. 不妨向客户提供关于公司品牌的一些具有说服力的资料，或是承诺质量保证，或是证明公司优秀的经营管理和较强的进货能力，还可以向其介绍一些品牌的销售状况和品牌的发展前景等。

给点建议，果断帮“要与家人和朋友商量”的客户做决定

销售过程中，我们经常会遇到这样的情况，我们满怀热情地为客户介绍产品，客户对我们的产品也很满意，我们慢慢地会以为客户会购买，但到关键时刻，客户却说：“我得回去问问家人，我做不了这个主。”“我想问问朋友的建议。”这句话犹如一盆冷水，浇灭了销售员的热情。一些销售员以为客户这样说就等于拒绝购买，于是，他们放弃销售。而也有一些销售员，太过急功近利，听到客户这样说，为了挽回客户，他们就死马当活马医地回应客户：“这样的事情还要问家里人啊，自己决定就行了。”“不用商量了，这么超值的产品哪里还有啊？”而这两种回应方式，无疑都会赶走客户。

其实，客户称自己要询问家人和朋友，一般情况下，有两种可能，第一种正如他所说，他需要和家里人商量；第二种可能则是，这只是一个借口，他不好直接拒绝销售员。通常来说，在是否购买上如此犹豫不定的客户，一般多是性格优柔寡断，没有主见，极易受外界环境影响的人。所以，遇到这种客户，销售员一定不要轻易让其走掉，而应抓住其犹豫不决的性格特点，尽量说服其购买。

一、认同客户顾虑的合理性

"是的，买家具毕竟不是买菜，是一笔不小的数目，是要和家里人商量商量的。"

"女孩子的衣服是穿给自己心爱的人穿的，您爱人觉得好看是最重要的。您看这样行不行，您可以试穿一下，然后拍个照片给他发过去，看看他的意见。"

……

如果我们能认同客户的顾虑，表达同理心，会让客户觉得你是在为他考虑，就能争取到客户的心理支持，继而会拉近和客户间的距离。这样，即使客户认为需要和家人商量，你也可以暂时把客户留住，从而为我们接下来的说服工作奠定基础。

二、权衡利弊，帮客户认识到不与家人商量的好处

某男士因为结婚纪念日要为妻子购买一枚戒指，这天，他来到某珠宝专柜，看上了一枚镶钻的戒指，但最后，他却说："我怕我妻子不喜欢，我还是回去和她商量一下吧。"

销售员："是的，您有这种想法我可以理解，毕竟一枚钻戒也不是小数目，想与妻子商量一下也是正常的，但您知道吗？其实，作为妻子，如果自己的丈夫能记住结婚纪念日，并在当日给她一个惊喜，那么，她一定更高兴；而如果您与妻子商量的话，这种神秘感也就消失了。另外，今天刚好是我们十年店庆，会有返利活动。满一千就直降一百。这个活动仅限今天一天。而且，您也看到了，我们这里的钻戒都只有一款，而且销量很好。这样好吗，我现在暂时给您保留起来，不过我真的不保证下午之前这枚钻戒……所以，我真的希望您不要错过这枚钻戒……"

客户："我看我还是先买了吧，万一下午过来的时候，其他人已经买走了，那不

就可惜了……”

案例中，这名销售员之所以能最终说服客户购买，是因为他既保持了良好的态度，又对客户适当施压：如果客户现在不购买，执意要回去与妻子商量的话，不仅会失去给妻子惊喜的机会，还可能会导致他中意的戒指被其他客户买走；而同时，他也会错过店庆返利的优惠。综合考虑之下，客户自然会暂时放下与妻子商量的想法，从而选择购买。

让客户认识到不与家人商量的好处，我们可以挖掘产品背后的意义，你可以恭维一下客户。比如，你可以说：“其实，这不仅仅是一件产品，而是一种心意，是一种爱，不管它怎样，只要是您买的，您爱人都会喜欢的。再说啦，如果她真有什么不满的地方，只要不影响再次销售，我们特别允许您在三天内都要可以拿回来调换，您看这样成吗？”

三、对客户施以适当的压力，帮客户做决定

一天，某护肤品店来了一位女士，女士看了半天后，在一款彩妆面前停了下来，销售员小青马上迎过来，经过一番介绍，客户很满意地点了点头。但最后，她还是说：“我还是想跟我的姐妹商量商量，她在彩妆方面很有眼光的。”

“这个我赞同，不过您的眼光也非常好，从您今天的妆容我都能看出来，高贵典雅，凸显气质。对了，您今天真的很幸运，这是我们产品全线最后一套了，过了今天，这款产品就不会再卖了……”

客户迟迟无法下定决心购买，销售员千万不要认为等待可以得到结果，因为客户权衡不出答案也许就会放弃购买。所以很多时候客户下决定都需要销售员的参与，这就需要销售员主动出击，对客户适当施加压力，甚至帮助客户做决定，这一招通常都很奏效。你可以这样说：“我这里的这种产品已经剩下最后一批了，而下次什么时候还能拿到这种货就说不定了”，或者说“这种产品现在特别缺货，我们公司已经不生产了”等，如果客户确实满意产品，一般来说，他们会立即做出购买决定。

另外，我们还可以掌握一些快速成交的方法：

（1）适当赞美客户，鼓励客户尽快成交。如：您的眼光真好，您老公一定会

喜欢的。

（2）从众成交法，用人们的从众心理来刺激客户购买。如：现在的小女孩都喜欢这样的款式，我相信您的女儿一定会喜欢的。

当然，运用这一方法，我们不可急功近利，要给客户考虑的空间，适当的时候，也要退后一步，否则很容易令客户反感。

销售技巧点睛

1. 赋予购买产品独特的含义，比如，是为爱人制造惊喜、表达孝心等。

2. 大胆为客户建议，也不可表现出急于销售的情绪，否则会让客户产生负面情绪。

销售话术，更正客户“便宜没好货”的误解

现代社会，竞争日益激烈，但很多商家总是能找出促进产品销售的方法，其中，最为常见的一种手段就是销售。在一些卖场和门店中，销售活动天天都在进行。面对这些销售产品，很多客户就会怀疑其质量，他们认为“便宜没好货”，然后以“这个是处理的啊，肯定质量不好，我不要了”为由拒绝购买，所以，任凭销售员怎么解释都不能消除客户的异议，使产品销售无法顺利进行。对此类客户，我们不免会泄气。但实际上，只要我们能掌握一定的劝服技巧，让客户认识到眼前销售产品的价值所在，就能打开销售局面，甚至令其最终决定购买。

一、用负责任的态度与客户交谈

“您有这种想法可以理解，毕竟您说的这种情况在我们行业确实存在。不过我可以负责地告诉您，虽然我们这款产品是特价，但它们都是同一品牌，其实质量完全一样，并且现在价格上比以前又要优惠得多，所以现在买真的非常划算！”

面对销售产品，人们难免有担心产品质量有问题的疑虑，面对客户的疑虑，如果销售员的以“您放心，质量肯定没问题的。”“都是同一批货，不会有问题。”“先生您多想了，就是节日期间优惠。”这类的话应对的话，势必会显得空洞无力，没有任何说服力。

客户认为销售产品质量差，我们要想打消客户的想法，首先就要学会认同客户的顾虑，认同是个好技巧，遇到不好处理的问题，在解释前使用认同技巧往往会使销售员的说服力大增，然后再针对顾虑以真诚负责任的口吻告诉客户事实，并且强调现在购买的利益，以推动客户立即做出决定。

二、陈述低价销售或处理的原因

某商场自行车专卖处围满了人。一位先生带着自己的儿子也前来观看。

销售员：“先生，您好，看一下我们公司的自行车吧，这款目前做销售，原价399元，现在直降199元，才200元。”

客户：“啊？这么便宜？”

销售员：“是的，机会非常难得。”

客户：“不会是质量不好卖不动才优惠这么多吧？”

销售员：“您这个问题问得非常的好，我们以前也有一些老客户有过类似顾虑，不过有一点我可以负责任地告诉您，不管是正价还是特价，其实都是同一品牌，质量也完全一样，包括我们给您提供的质量保证都是一样的，而且，我们降价的原因是因为现在正赶上店庆，同时还有很多其他产品降价。同样的产品，现在价格却要低很多，所以现在买这些东西真的是非常划算，您完全可以放心地选购。”

客户：“原来是这样啊。”

销售员：“是的，您看，今天您正好带着儿子一起来逛商场，就买一辆送给孩子做礼物吧。”

客户：“嗯，你说得也对，既然这么便宜，就买一辆吧。”

对于产品的大幅降价，一些客户总是报以怀疑态度。此时，产品降价的原因就成了他们最关心的问题，如果销售员不能给出他们一个满意中肯的回答，他们是不会购买的。当然，我们都知道，产品降价一般是由于有新产品上市、产品更新换代或者是店庆活动等，但是客户却并不一定清楚，所以销售员要尽快向客户解释清楚产品降价的原因，消除客户内心的疑惑。如果我们能和案例中的销售员一样，先承认客户的顾虑，然后再告诉客户降价的原因，这样说，一语中的，客户心中的疑虑就消除了。

三、主动出击，询问客户担心的原因

某超市厨具专柜在做销售，一位提着菜篮子的老太太在一款菜刀面前看了半天，销售员赶紧迎上去。

销售员：“阿姨，这把菜刀原价要59元呢，现在只要29元，现在买很划算的，请问您还有什么担心的呢？”

客户：“我觉得，打折的东西肯定是存在一定的问题的，会不会回去用了就生锈了或者钝了呢？平时我在超市看见一些销售食品，但回去打开后也不是很新鲜了……”

销售员：“原来您是担心这个呀，这个请您放心，相信您从前也听过这个品牌的炊具，质量是绝对过硬的，我们之所以会打折，是因为每年会在产品的外形上做出一些新的设计，那么，头一年的款式就必须打折了，不然哪买得出去呀？您说对吧？”

客户：“原来是这样啊。”

销售员：“是的，这种厨具和食品不同的，我们会担心食品过期而不敢买销售的，毕竟吃进肚子里的东西，还是安全第一。但像这样的刀具就不一样了，它的卖点在产品功效，不是看它新不新鲜。”

客户：“那好吧，我就买一套。”

在客户选购产品时，销售员一定要细心观察，如果客户表现出不信任的态度和神情，销售员应该主动向客户询问，弄清楚他们担心的问题，并给予详细解答，消除他

们的担心。

四、事实胜于雄辩，用“硬件”证明产品质量

并不是所有客户都愿意相信销售员的解释，面对此类客户，如果我们已经力不从心，无法通过语言来解决问题，不妨转化一种方法，用事实证明，这些证明一般就是产品的合格证书、获奖证书、质量认证、客户反馈意见表等，俗话说“事实胜于雄辩”，销售员拿出事实证明产品质量的可靠性，比滔滔不绝说上一大段话更有效果。

总之，没有不能引导的客户，只有不会引导购买的销售员。作为销售员，面对客户对处理、销售产品的疑问，一定要做好解释、引导工作，让客户放心购买！

销售技巧点睛

1. 说出客户担心的问题，是让客户消除销售产品质量不好这一想法的前提。
2. 用负责任的态度陈述产品质量，会给客户一定的信心。
3. 多陈述打折商品的好处，能让客户觉得占了便宜。

第12章

因人而异，
面对不同客户的沟通技巧

对症下药，了解不同年龄段客户的劝购技巧

作为销售员，我们都知道，我们劝客户购买的一个前提是，客户有购买意向，对产品有需求。如果没有购买意向，无论销售者如何费尽心机地劝说，也不可能达到让其购买的目的。当然，客户的购买意向与需求，是可以从无到有的，只要销售员做好说服工作，激发客户的购买欲望，那么，也能让客户完成购买。但我们每天的客户群体并不是单一的，其中，不同年龄段的客户，消费心理与特点都是不同的，我们只有看菜下碟，才能对症下药，激发他们的购买欲。

一、老年人的消费行为特征及销售策略

一位60岁左右的女士走进了服装店，她左看看，右看看，好像没有看中哪件衣服。

销售员："太太，这些衣服款式都挺时尚的，花色也非常不错。如果您喜欢可以试一下，您看这件大印花的衬衫就挺适合您的。"

客户："是吗？这也太花里胡哨了，有没有花色素一点的，比如棕色的？"

销售员："老古板，现在大家都穿这样的花色，您说的还是几十年前的呢。"

一气之下，这位客户头也不回地离开了服装店。

案例中，很明显，销售员的应对方法是错误的。老年人的购买心理和年轻是不同的，他们思想比较保守，可能无法接受一些新鲜事物，而销售员一般多为青年人，销售员一定要认识到彼此间的认识差异，不可称老年人为"老古板"，这回让老年人认为你没素质，不尊重客户，自然不会购买。

在我国，随着人们生活水平的日益提高，老年人的人口基数越来越庞大。另外，由于子女都已成家立业，老年人的家庭负担已大为减轻，他们有一定的储蓄可供消费支出。庞大的人口基数和一定的消费能力表明老年消费群体是一个潜力巨大的"银色

市场”。

老年客户因受早年生活环境的影响，在购物观念和行为上与年轻人有着很大的不同。一般来说：

他们在购物的时候，购买心理稳定，对那些对老字号和老品牌有着特殊的感情，不怎么受广告等宣传信息的影响；老年人勤俭节约，注重产品实用性；他们渴望受到尊重和照顾。如果老年客户在购物时被冷落或是遇到销售员有些不耐烦，他们就会表现得很敏感。

就案例中的这种销售情景，如果销售员能够回答：“其实您看起来和我母亲年龄相仿，我母亲以前也一直都穿素色衣服，不过后来她衣服的颜色越来越多，因为这种服装穿在身上会显得更年轻，您在这件衣服的衬托下显得多有精神啊。”势必会让这位老太太感觉很温馨，销售员还担心产品销售不出去吗？

了解这些老年客户的购物心理特点后，接下来，我们要做的就是为其耐性讲解。老年人讲话和对事物的理解比较慢，如果耳朵不灵，眼神不好，很容易出现理解错误。所以在接待老年客户时，销售员务必要做到耐心，尽量让客户对产品了解得更清楚。

二、中年人的消费特征及销售策略

一天，一位女士带着自己三四岁大的女儿来到商场，准备为孩子买一双小皮鞋。

进店不久，女士就看中了一双红色的小皮鞋，准备给孩子试穿，但小家伙不知道为什么一直吵着要离开，根本不愿意试穿。

销售员：“太太，这双红色小皮鞋非常适合这小姑娘，是今年童鞋中的主打产品呢，很多家长都带孩子来买。”

客户：“你看我们家这孩子，真是不听话，一直非要拽着我走。估计她不喜欢吧。”

这时，销售员走过来对小女孩说：“宝贝乖，长得真漂亮来，阿姨给你一颗糖吃，看镜子里是谁在调皮啊？”听销售员这么说，小女孩一下子安静下来了，然后她接过销售员的糖吃了起来。

接着，销售员又说：“乖宝贝，你穿上这鞋一定很漂亮，我们来试试好不好？”

销售员的话奏效了，小女孩一边吃着糖，一边试鞋子，很开心地笑着。

最后，这位女士便买下了那双鞋。

从这个案例中，我们看到了很多中年人的生活场景，他们上有老下有小，有时候即便购买产品，也是为家人，他们最关心的也是家人。案例中，面对客户的孩子不愿试穿商品，销售员并没有应承客户的话："是啊，您家孩子太不听话了。"因为任何父母都有同一个心理：希望孩子得到他人的肯定，孩子固然不听话，但只能自己教训，而不能被他人评价。因此这位销售员是这样称呼小女孩的："乖宝贝……"这样赞扬客户的孩子，无论是客户还是孩子，都会获得身心的愉悦，而且，孩子高兴了，客户也就毫不犹豫地选择购买了。

事实上，除了常为家人购买产品这一习惯外，中年人还有以下消费特点：

（1）消费时多是理性的、计划性的，而不是情绪性的、冲动性的。

（2）消费时会综合考虑各方面的因素，更注重商品的实用性和性价比，而不是像青年人那样注重产品的包装、颜色、款式等。

（3）注重商品使用的便利性，倾向于购买能减轻家务劳动时间或提高工作效率的产品。

（4）不盲目追赶潮流，对新产品缺乏足够的热情。

（5）消费需求稳定而集中，自我消费呈压抑状态。

因此，在劝说中年人购买的时候，我们尽量要从产品自身出发，多介绍产品能给他们带来的益处，必要之时可以为他们介绍购买的成本，让其觉得产品质优价廉。

三、青年的消费特征及销售策略

青年阶段是人生最富有创造性和追求独立性的阶段。在中国，目前大约有三亿多青年消费者，约占全国总人口的四分之一。青年消费者，通常具有这样几点消费特征：

（1）市场潜力大，消费能力很强。

（2）自我意识强烈，消费时很具有时代感，不愿意落伍。

（3）消费行为易于冲动，富有情感性。

比如，我们发现，一些青年人在购物的时候，会很关注产品的款式、颜色、包装等，甚至这些要素在某种程度上是决定他们是否购买该产品的第一要素。

另外，青年消费者的消费兴趣具有很大的随机性和波动性，一会儿喜欢这种商品，一会儿又喜欢另外一种。

因此，在劝说青年人购买的时候，我们可以多强调商品的个性化特点，比如，我们可以这样说："看得出来，小姐是个注重时尚和品位的人，如果您穿上这双高跟鞋，一定有很多人成为你的粉丝，掀起一阵时尚流。"

以上关于不同年龄段的人群的消费特点和习惯的总结，相信能帮助我们在激发客户购买欲望的过程中起到帮助作用！

1. 不同年龄段的人对产品有不同的诉求点，也就需要采取不同的沟通方法。
2. 性价比是任何年龄段客户共同所关心的。

冷若冰霜的客户，如何打开他的口

很多销售经验告诉我们，与那些难缠、异议不断的客户比较，与那些不言不语的客户打交道更难。这类客户，无论对商品是否满意，他们总是习惯保留自己的意见。而客户不开口，我们就无法了解到他内心的真实想法，我们的销售工作也就无法展开。但精明的销售员，无论客户怎么不善言谈，怎么保留自己的意见，他们总是能找到突破口，打开客户的口，从而挖掘出有利于销售的信息。当然，销售员想要让不言不语的客户开口，并且说出自己的需求，不仅需要掌握专业知识，还需要具备良好的沟通技巧。只有从寡言的客户那里得到足够的有效信息，才能最终获得销售的成功。

一、善于察言观色，了解客户的关注点

某天，某礼品店来了一位小男孩，站在橱窗旁对着一个音乐盒看了半天，也不说话。销售员问其需要什么，小男孩也不应声。这时，另外一名销售员走过来，对小男孩说："小朋友，你很喜欢这个音乐盒吧吗？"

客户："嗯……"

销售员："喜欢就买回去吧。"

客户："……"这位小男孩并没有回答，而是又走到另一个工艺品面前。

销售员："这个也很漂亮。你是想选个礼物送人吗？"

客户："嗯……"

销售员："想送给谁呢？"

客户："想送给妈妈，明天是母亲节。"

销售员："是啊，我差点忘了，你母亲真是幸福，有这么孝顺的孩子，还记得给妈妈买礼物。你刚开始看到的那个音乐盒就很适合啊。"说完，销售员走到橱窗边，打开了音乐盒，里面缓缓地放出了一首美妙的钢琴曲。

接着，销售员说："如果你送给你妈妈，她一定非常喜欢。而且我还可以免费给你做一个漂亮的包装，你看好吗？"

客户："真的适合吗？"

销售员："我觉得挺适合的，当音乐声从中飘出的时候，你的妈妈一定很感动，不过我们这里还有其他的礼品，你也可以看看。没关系，你选择任何一个我都可以免费给你做漂亮的包装。"

客户："我还是喜欢那个音乐盒。"

销售员："我也看它最合适了，那么我们就把它打包好吗？"

客户："嗯。"

案例中，这位小男孩在刚开始时表现得很沉默，销售员问其需要什么，他也沉默不答。而最终，另外一名销售员却打开了他的话匣子，并成功销售出去了这款音乐盒。这名销售员之所以能做到，是因为他具备良好的观察能力和思考能力，首先发现小男孩对音乐盒感兴趣，然后循循善诱，让小男孩愿意与其主动交谈，最终销售成功。

其实，无论对于什么样的客户，销售员都要学会察言观色，只有善于观察，你才更容易发掘其关注点，而只有从其关注点出发，你才有可能与客户进行下一步的沟通。

的确，一个人的心理变化信息如果不通过语言来表达，那么，他一般更善于通过动作、表情、眼神来表现，并且在那些惜字如金的话语中，往往包含着一些有关表现其心理的重要信息。因此，寡言的人有着更为丰富的语言形式，其所表达的核心语言的数量，其实并不逊色于那些善于言谈的人。

面对那些沉默寡言的客户，恐怕销售员要更费神。销售员不仅嘴上要会说，还要会看、会听，会想，要有足够的耐心、信心、决心拿下这样的客户，要善于通过客户的举止、言谈甚至是一个眼神来捕捉客户的心理，并加以分析，掌握客户的购买心理，做到知己知彼，百战不殆。掌握客户的心理动态，也就掌握了成功销售的砝码。

二、选择正确的交谈方式，打开客户的话匣子

一天，某品牌手机专卖店来了一位中年男士。对所有手机浏览一遍后，他看中了一款黑色的大屏手机。

销售员："先生，您好，看来你对这款手机还是很有好感的，我给你拿出来试试好吧？"

客户："嗯。"

销售员："您觉得怎么样，它的手感和外观都很不错吧？"

客户："嗯。"

销售员："你喜欢它的性能吗？它的特点是……这符合您的要求吗？"

客户："嗯。"

销售员："价格呢？它现在的价格是……看您对它很感兴趣，现在能买到自己喜欢的产品是一件不容易的事。这样吧，我再请示下经理，再给一点低价的折扣，你看

这样好吧？”

客户：“我再看看吧。”

可能这位销售员在刚为客户销售的时候，会觉得销售协议会极其容易达成。因为这位客户似乎愿意接受销售员为他安排的所有建议，但到关键时刻，他的回答却是：“我再看看吧。”而这就意味着，他已经拒绝购买。销售员如此热心地为客户推荐产品，为什么会出现这样的销售结果呢？原因很简单，因为销售员从头到尾都在唱独角戏，没有找到正确的谈话方式，更别说找到客户真正的需求。

真正的谈话技巧，并不是在任何适合都表现自己的口才，而是要说出能对交谈产生积极效应的话。与此类木讷的客户交谈时更是如此。我们要学会适应他们的谈话方式，不要用销售员惯有的善谈破坏客户的谈话氛围。比如，客户在选购商品时，我们最好不要滔滔不绝地做介绍，而是要结合观察客户的身体语言和简单的话语，有针对性地为其介绍产品。

三、始终保持热情、诚恳的态度

销售员的热情，就像一团火，无论内心如何冷淡的客户，在销售员的热情面前，都会被感染。销售行业，热情就是销售员获取销售成功的法宝。

因此，在与这类不言不语的客户交谈时，销售员要始终保持语言、神情和目光的真诚，并始终保持微笑。当你从始至终地与其热情、真诚地交谈后，你就一定能在客户的心里留下好的印象，不论谈话是否取得实质性的改变，对你以后的销售工作都会有所帮助。

总之，当在销售中遇到那些一言不发，甚至没有任何表情的冷漠型客户时，作为销售员就要特别注重与客户的沟通，想办法借助提问或者其他拉近心理关系的方式，将客户引导到沟通活动中去，充分了解客户。一旦客户被激发起了谈话的热情，愿意参与到谈话中来，那么销售员要展开销售工作就比较容易了。

1. 无论遇到的客户多么冷漠，保持始终如一的诚恳态度，是每一个销售员都应该做到的。

2. 对客户信息了解得越多，越有利于打开客户的话匣子。

3. 不管客户的关注点涉及哪些方面，销售员都要尽量找到与自己销售工作有关的。

面对特别“挑刺儿”的客户，利用其反对意见推进销售

在销售工作中，不管销售结果如何，客户似乎始终会有一些反对意见，对销售员所销售的产品几乎处处挑剔，表现出指责或者不懈的态度。面对客户所持有的反对意见，一些销售员难免会感觉到失望和无奈，既然客户都反对了，我还能怎样呢？其实不然，对销售员来说，要理解客户的心态，任何人在购买产品的时候，都希望能买到称心如意的产品。而客户有反对意见，销售员应该高兴，正是因为客户将注意力转移到了产品上，对产品有一定的兴趣，甚至可以说，这类客户还能给销售员带来更多的销售机会。在面对提出反对意见的客户时，销售员想要取得销售的成功，就要善于抓住客户的意见，从其反对的观点中切入话题，运用良好的思维能力和分析能力发现客户的真实想法和疑虑点，并向客户传递有效信息，打消其存在的疑虑，从而促进销售成功。

一、礼貌应对，不要被客户所谓的问题困扰

客户：“你们店里的灯光怎么这么暗呢，这些包包摆在这里都看不清楚。这款多少钱？”（指着一款女士皮包）

销售员：“498元。这是我们推出今年的新款，这两天刚刚到货。”（微笑）

客户：“498元？也太贵了。都没有折扣活动吗？和你们同档次的牌子有好几个都打折了。”

销售员：“是的，如果是我也会觉得有点贵。不过话说回来，如果您每天挎着它，您绝对会觉得物超所值。这款皮包集合了今年的最新时尚元素，款式新颖，面料也相当好。498元您绝对不会买贵。”

客户：“这个面料是真皮的吗，而且摸起来感觉怪怪的。不会是假的吧？”

销售员：“您放心，这绝对是纯皮的，我们是专卖店，不可能用假的来欺骗客户，因为面料经过特殊处理，所以看起来和那种皮革有点不一样，但正是因为这样，这种皮今年特别流行。”

客户：“包包拉链颜色和包包的颜色反差这么大，好像有点不搭。看起来显得有点奇怪。”

销售员：“这是设计师的点睛之笔，也正是为这是为了凸显这款包包的与众不同，您来试背一下就知道了。”

客户：“好像是。你拿下来我挎着看看。”

销售员：“这款包包十分衬托您的气质。而且现代女性购买包包，已经不是上个年代为了实用，而是为了搭配衣服，我相信您挎上这款包包，再配上您这身衣服，一定很显品位与气质。”

客户：“恩，是挺好的，我在××品牌那里看中了一款，价格比你们便宜不少钱，也是今年的新款，但是感觉很普通。那就拿这款吧。如果包包有问题可以换吗？”

销售员：“是的。这个您完全可以放心，您一周之内都是随时可以调换的。”

我们发现，情景中的客户可以说是典型的“问题客户”。对于销售员来说，面对这样的客户，首先做到耐心是最为重要的。留住客户需要耐心，赢得客户需要技巧。即便客户问题再多，但是销售员一旦能掌握对话中的主动权，就往往能获得销

售的成功。

在购买商品时，客户总是希望能购买到完美的商品，于是经常在一些诸如包装、不够时尚等可有可无的问题上刁难销售员，对此，一些销售员难免会感到不知所措。其实很多时候，客户所提出的不少问题都是比较容易解决的，甚至有些反对意见是很少出现的。所以销售员大可不必为此困扰，不要将自己过度纠缠进客户提出的琐碎问题中。走出客户琐碎问题的纠缠，并想办法控制客户对问题地扩大，才是这时销售员最应该做的。只要引导客户将关注点放在有关成交的实质性问题上，弱化其对琐碎问题的注意，那么就能更快地实现成交。

二、先稳定客户的情绪，找到问题的关键

客户挑刺儿，无外乎两个原因，第一个是客户本身的性格所致，他们的本性是爱挑剔的，在面对任何事情的时候，总是喜欢挑剔，在这类客户的眼中，没有什么东西是优秀的。第二个原因则是，客户希望通过这种挑刺儿达成某种目的，比如讲价。关于这两点，就需要销售员具有良好的分析能力，能够从客户的反对意见中找出关键问题加以重点解决。关键问题，也就是那些对客户来说最重要的、客户本身最关心、与其关系最密切的问题。

作为销售员，当你真正弄清了客户担心的问题，并采取有效的方法加以解决，就真正打破了阻碍销售成功的障碍。如此一来，促成交易也就更加容易了。

三、让客户了解产品优势

客户提出反对意见时，经常用到的一个招数是：把竞争对手的产品和你的产品相比较，其实，客户有两个目的，一是得到价格上的优惠，二是希望销售员可以有一个令他满意的解释来消除自己的疑虑，而很多时候，一些销售员会悲观地认为：客户更加倾向于竞争对手的产品。其实，这种想法是不必要的。

当客户用竞争对手的优势来表达自己的反对意见时，你就要根据自己所掌握的产品知识和同行业相关知识，了解客户的心理需求和对商品的信息掌握程度，并在此基础上向客户罗列出你所销售的商品优势在哪里，引导客户改变关注点。特别是对于那些竞争对手所没有的独特优势，销售员就更需要重点说明。这样让客户认识到你所售

产品的独特优势，不仅有利于化解客户的反对意见，也能够进一步地吸引客户，进而增加成功的机会。

有人说过，没有销售不出去的产品，只有销售不出去产品的销售员。对于客户所提出的种种质疑，销售员需要保持冷静平和的心态，然后真正了解客户需求，并拿出正确解决问题的办法，才是销售员最需要做的。用何种方式回应客户的各种质疑，用什么样的态度解答客户提出的问题，才是销售能否取得成功的关键。只要能从客户的反对意见出发，利用正确的解决方法向前迈进，就能取得销售的成功。

1. 无论客户提出多少反对意见，销售员都不可与之争吵。
2. 先肯定后否定，能帮你委婉传达与客户不同的意见。

面对脾气火爆的客户，先稳住情绪缓和气氛

销售员在销售的过程中会接触到不同性格的各种客户，当然，也有些性格急躁、脾气火爆的客户，在与销售员谈话或者售后服务的过程中，他们都希望快速解决问题，并且脾气火爆，有一些不满或者意见就会横加指责，甚至很多时候还表现出不耐烦、不配合，甚至无理取闹等，总之，让整个销售的气氛很紧张，令销售员无所适从。毕竟脾气暴躁的人不易相处，想要处理好与这类客户之间的关系，对一些销售员

来讲会有一定的难度。

但销售员如果具备较高的沟通技巧，善于缓和气氛紧张的对话局面，懂得选择适当的方式来平息客户的怒气，即便遇见脾气再差的客户，相信也能够应付自如。

一、调整自己的情绪，保持冷静

一天，办公仪器销售员小李代表公司接洽一个客户。

小李："您好，我是××公司的销售员小李，代表公司与您商讨关于这批办公仪器的购买事宜。"

客户："你们公司的产品很差，我们是不会买你们的产品的。"

小李："可是您上次……不是打过……电话，说要购买……"

客户："你到底想说什么？我时间很紧，如果你没有什么重要的事就别打扰我。"

小李：我已经等了您很长时间了，请您让我把话说完可以吗？

……

案例中，销售员小李遇到的就是个心情不好的客户，在小李提出要关于购买产品一事进行商讨时，他的态度很差，甚至直接告诉小李"你们的产品很差"。面对这种情况，小李由于过于紧张，导致说话语无伦次，最终失去了成交的机会。如果销售员能在被客户拒绝后进行挽回："我知道像您这样做大事的人一定每天都很忙，不过如果您能抽出几分钟的时间，也许就能为您的公司带来很大的效益。您是否愿意抽出几分钟听我介绍呢？"或许会出现另一番销售情景。

客户心情不好，说了一些带针对性或者挑衅的话，我们的情绪也会受到影响。但如果我们与之针锋相对的话，不仅不利于销售，还甚至可能得罪客户，影响我们自身乃至整个公司的形象。因此，此时，我们要保持冷静，做到不急不躁，保持一颗平常心，这样才能赢得客户的肯定。

二、保持始终如一的耐心，稳住客户

张菲是一家商场电子产品专区的销售员，服务态度一直很好。

一天，一位先生气冲冲地找到张菲，说起了前一天在张菲这里购买的mp3：

客户："你昨天卖给我的是什么mp3，根本就放不出声音嘛。你们卖的这是什么产品？质量也太差了。"

张菲："真是太抱歉了，本来买东西是一件很高兴的事情，没想到却给您的生活添了麻烦。真是对不起。请问产品哪里出现了问题？我可以帮您进一步地解决。"（连忙放下手头的工作）

客户："我下载了视频，可根本没有声音。"（态度稍有缓和）

张菲："是吗？那我们来现场操作一遍看看，和您一起找找原因。"

张菲让客户在现场操作了一遍，结果他发现了问题，原来客户的耳机根本没插好，自然听不到声音。

客户："这，真是不好意思。"（一脸歉意）

张菲："不，是我昨天没为您安装好，责任在我。如果您在使用过程中发现有什么不懂的地方或是什么问题，尽管来找我。"

第二天，这位客户又来找张菲，不是为了别的，而是又买走了一个mp3。

销售情景中，客户气急败坏地来追问销售员，而张菲并没有表现出不耐烦，而是慢慢心平气和地帮助客户解决了问题，并且给客户留下了好印象，带来了新一轮的生意。

面对脾气暴躁的客户，最忌讳的就是与客户对着干，在言语上冲撞他，对客户出言不逊，图一时之快，因为这样只会让你流失掉生意。而且，一个销售员的态度，不仅体现个人的素质和修养，还代表的是产品和公司的形象。

耐心是销售员素质最好的表现，销售员始终要记住，卖出产品是最终目的，而目的的实现与否就看客户的情绪，只有保持始终如一的良好态度，才能稳住客户。柏拉图说："耐心是一切聪明才智的基础。"在销售领域中，耐心的作用就更加重要。懂得在销售过程中始终保持耐心的销售员，也往往能获得更好的销售业绩。因为始终如一的耐心能够打动任何一位客户的心。

当客户因为一些原因表现出情绪急躁时，作为销售员，千万不能自乱阵脚，甚至表现出不耐烦，而需要拿出自己良好的态度，耐心解决客户遇到的问题。不要总是将问题归结到客户身上，即便是客户的做法欠妥，作为销售员也要保持良好的个人素质，用始终如一的耐心打动客户。

三、主动道歉，平息客户的怒气

有一句名言说：“当场承认自己的错误需要具有相当的勇气，给人一个好感胜过一千个理由。”道歉是化解两个人之间问题与矛盾的最有效、最快捷的方法。

被誉为日本“销售之神”的保险销售员原一平曾经说：“赤裸裸地注视自己，毫无保留地彻底反省，然后才能认识自己。”在销售领域，“客户就是上帝”，没有苛刻的客户，只有不够完善的服务。任何一个销售员想要提高销售成绩，都需要从自己的身上找原因。但有些销售员会认为：明明是客户的原因，为什么还要我来道歉呢，太不公平了。然而作为一名销售员，职责是向客户销售商品，而想要将商品销售给客户，销售员首先就要销售自己，如果不能给予客户一个好的个人印象，那么如何销售产品呢?

所以，当客户与你产生争执或冲你发脾气时，无论是被客户误会，还是你的介绍不周到，不管责任在谁，作为销售员，你都要首先向客户表示歉意，这样不仅能够很快平息客户的怒气，也有利于长期建立与客户的良好关系。

销售技巧点睛

1. 营造良好的沟通氛围是许多销售高手的制胜法宝。
2. 改变客户对销售员自身的印象，才能消除对产品的负面印象。
3. 在任何时候，保持足够的耐心总会给人们带来意想不到的好结果。

性格优柔寡断的客户，如何帮其下购买决定

销售中，我们经常遇到这样的客户，由于商品的多样性，面对柜台上已摆出的七八种物品，他们东摸摸，西挑挑，哪种都觉得满意，哪种又都有不足之处，面临各种选择时优柔寡断。当销售员员好不容易劝说其购买后，甚至已经即将成交，就差他们做出购买行动了。可是他们此时却犹豫不决，总是对产品有疑虑、不放心，而这就成了商品成交的一个重要障碍。这种客户的性格就属于典型的优柔寡断型。对于那些犹豫不决的客户，销售员如果不能正确地处理和解决，不仅白白浪费了口舌，而且还很可能就此造成客户流失。

其实，如果站在客户的角度，我们发现，如果我们自己是客户，即使我们想真正购买一件商品，在正式付款之前，也会左看右看，生怕买错买亏，这种心理也很正常。因此，当那些客户说出“我要考虑考虑”“让我想一想”诸如此类的话，要知道这些话只是一个借口，而不是真正的拒绝理由。销售员只要找出真正的拒绝理由，并有创意地加以解决，就有销售成功的可能。

一、巧妙引导，收回客户“左顾右盼”的心

一位女客户站在首饰专柜前流连已久，她反复观看，经过千挑万选，终于筛选出耳环三种：“这三种看来都不错，依你看，哪一种更合适？”

销售员机灵地答道：“我看，这种似乎最适合您。”

女客户将信将疑：“哦？我看这种经常打广告，你看呢？”

销售员反应很快：“是啊，那种也很好！”

女客户又指向另一种耳环：“这种目前也很流行，是不是？”

销售员连连称是：“的确，这种看起来更美观。”

面对销售员这种应付式的回答，女客户完全失去选择能力了，最后无奈地说：

“我还是回去先考虑考虑吧，麻烦您费心介绍。”然后转身而去。

销售员心中不平，一面暗暗抱怨着，一面把乱七八糟的首饰放回原处。

案例中，面对这种优柔寡断的客户，销售员以为只要附和客户的观点，就能获得客户的赞同，进而促成购买。实际上，此时，这是最糟糕的回答。因为这只能使客户更加迷惑，如坠迷谷。“这个很好”“那个也不错”收不到什么积极效果，倒不如要问对方：“太太，您现在最喜欢的是哪一款？”根据其回答内容，再拿出自己的建议，这样会使对方下定决心。

二、找到客户左右为难的原因，彻底解决其内心疑问

一位端庄大方的女客户走进一家首饰店，并且对店中的一款项链非常感兴趣，隔着橱窗左看右看。店中的销售员见状便迎了过去……

销售员：“这款项链看起来和您很配，无论是它的做工还是款式，都非常适合您。”

客户：“这是什么材料做的？”

销售员：“您这么有气质的女士，当然是适合进口的了，这是一款从巴黎进口的限量版产品，纯铂金制造。”

客户：“是吗，我看着色泽是很好。”

销售员：“是啊，我看着这款项链和您的气质真的很搭配。”

客户：“是吗？我也这么认为。不过我还是想再考虑一下。”

销售员：“其实这条项链真的非常适合您。而且我也看出来您特别喜欢。不知道您还有什么疑虑，可否说出来让我给您分析一下？”

客户：“这条项链的价格实在有点贵。”

销售员：“这个我可以理解，但是这条项链真是很适合您，更显得您高贵了，一般女性买首饰如果能碰到特别适合自己的很难，但是我看您刚走进来就看到了它。这条项链不戴在您身上真是可惜了。”

客户：“我也一直都觉得这条项链比较适合我。我挑首饰还是挺挑剔的。”

销售员：“是啊，所以说戴这条项链准没错，不论是上班还是参加舞会什么的，您准能成为全场的焦点，相信您戴上它回头率会更高呢。而且我们的这款链子数量比

较少，就是专门留给那些符合这款衣服气质的女士的。您放心，在这个城市，再没有第二条了。其实有不少女士都喜欢这条项链，但感觉总是觉得自己没有那么好的气质足以配它。”

客户：“是吗？那看来还是挺适合我的，你给我包起来吧。”

这位销售员的聪明之处就在于，在面对犹豫不决的客户时，她没有只是通过一味地强调产品的优点，企图打动客户，而是实质性地解决了客户内心存在的疑问。

的确，面对犹豫不决的客户，很多销售员以为，客户不是存心购买，既然如此，多说无益，于是，面对客户的疑虑，销售员并没有为之解决，而是放弃了挽留，甚至主动放弃销售机会。也有一些销售员，为了尽量促成生意，不客户户的感受和内心想法，一味地对客户说明，客户购买绝对没错，但实际上，他忽略的是，客户之所以犹豫不决，是因为心存疑虑，不能百分百信任产品等，其实，销售员要做的重点就是帮助客户消除这种疑虑，做到尽量消除。如果客户的疑虑点较难消除，销售员可以采取取长补短的方法，向客户展示有利于他的方面，从而弱化客户的疑虑点，达成销售目的。

三、巧用问句促使客户购买

一位销售员试图将一台新复印机推荐给客户。客户看起来也很有兴趣，但是他说要考虑一下。

“好极了！想考虑一下就表示您有兴趣，对不对呢？”

客户：“你说得对，我们确实有兴趣，我们会考虑一下的。”

销售员：“先生，既然您真的有兴趣，那么我可以假设您会很认真地考虑我们的产品，对吗？”

销售员的这种问法就能问清楚客户的疑虑的原因，销售员还可以尝试着这样继续问下去：“先生，有没有可能会是钱的问题呢？”如果对方确定真的是钱的问题，销售员已经打破了“我会考虑一下”定律。而此时如果销售员能处理得很好，就能把生意做成。

从以上几点，我们可以看出，要想让这类优柔寡断的客户最终决定购买，我们就要主动出击，把握销售的主动权，适当时给客户一点压力！

销售技巧点睛

1. 给客户一点压力，可以告知客户优惠活动马上要结束了，或是产品数量有限等。

2. 给客户一点优越感，他们在自身优越感得到一定满足时往往更容易接受销售员的请求。

3. 销售员要询问客户要再考虑的缘由，进行针对性解决，促使客户购买。

第13章

价格博弈，快速跨过讨价还价的障碍

开始报价，要给自己留有一定的余地

任何一名销售员的销售额都来自于产品价格，同等进价的产品，售价越高，其利润越高。因此，每个销售员都希望自己的产品能卖个好价钱，多获得一点利润。而这，就要求销售员在报价的时候给自己留有一定的余地，不能在开始就报价过低。

实际销售工作中，常有一些销售员会用较低的报价来吸引客户的目光，认为这样可以缩短销售时间，也更容易促成交易，然而结果往往不尽如人意，销售员不是丢了客户，就是丢了利润。这是因为客户在购买商品时，总是希望商品价格能够在谈论中有所降低，无论销售员的第一次报价多么吸引人，客户都希望进一步获得更低的价格，一旦销售员的第一次报价过低，销售员就容易处于被动，要么客户转身离开，要么商品被低价售出。

因此，在销售过程中，销售员的第一次报价切不可过低，不管怎么样都要给接下来的谈价留下余地，否则销售工作就很难正常展开，更不要提有什么销售成果了。

一、报价不能太低

无论是买方还是卖方，我们的立场是以理想的价格成交。然而，没有不讨价还价的买方，所以我们要有技巧地报价，那么在这个过程中我们应该如何做？又该注意什么呢？

作为卖方，我们第一次报价的多少，直接影响着对方对产品的价格衡量。即便是想“薄利多销”，我们也要留下一定的价格空间，最好可以在低价和理想价格之间找到一个中间价，将报价定在这个中间价之上一些。这样不仅能扩大谈判空间，还能获得更多的利润，从而保证价格谈判工作能顺利进展。

二、根据具体情况选择报价

销售工作就是和不同的客户打交道，在销售过程中，销售员接触到的客户也并不是一成不变的，不同的客户有不同的性格、文化背景，在砍价上也有擅长的也有不擅长的，销售员要静观其变。因此，销售员在报价时就需要根据客户具体情况来做决定。

如果客户善于压低价格，那么销售员可以在开始报价时选择高一些的报价，这样一来，就算是客户把价格压低了很多，销售员还是给自己留了一些余地，销售工作还是可以继续进行。而对于那些对产品比较了解，认识比较客观，那么销售员最好给出一个相对合理的报价，因为这些客户大多能够对商品的质量和价格做一个理智的衡量，如果他们认为销售员给出的价格合理，一般不会再做更多的工作。如果客户并没有明确购买目的和方向，销售员可以做一个范围报价，给客户设定一个价格范围，待其确定具体购买方向时再做详细报价。

三、适当给予客户一些“小优惠”

小小高中毕业后就自己开了一家了服装店，因为眼光独特，进的一些衣服款式新颖，尤其受年轻女孩们的欢迎。这天，一个女孩来买衣服，在经过一番挑选之后，女孩把目光锁定在一件款式时尚的长款外套上。

小小：“这件衣服是前几天刚到的货，不论是花色还是款式，都是非常时尚的。如果您喜欢可以试一下。”

客户：“样子倒是还可以。不过这种绿色会不会不太好搭配衣服？”

小小：“这个你完全不用担心，无论搭配白色还是金色，都是相当出彩的。况且你的皮肤很白，穿上这件外套之后会显得更加白皙，同时衣服颜色也会被衬托得很好看。”

客户：“哦，是吗？那价格多少？”

小小：“这样你先来试穿一下，看看效果怎么样。”

客户试过衣服之后。

小小：“这件衣服非常能衬托你的气质，特别是你今天正好穿了一条白色的裤子，看，搭配起来多漂亮。而且现在就能穿。”

客户：“嗯，是不错。不知道价格怎么样。”

小小：“这件衣服是新款上市，299元。”

客户：“那么贵，只不过是一件外套嘛。不能便宜了吗？”

小小：“这件衣服属于春秋装，现在是春天，到了秋天同样可以拿出来穿，而且绝对不会落伍。其实一般我都是很少打折的。难得你这么喜欢这件衣服，穿起来又这么漂亮，那给你打个9折吧。”

客户：“好吧，那就拿这件吧。”

案例中小小的报价技巧就是对的，首先给客户一个相对高一些的价格，留出足够的谈价空间，再适当地给予客户一定的让步，这样商品不仅能够以较合理的价格成交，也不会造成客户的反感，相反还会让客户欢喜而归。

的确，无论是赠送礼品还是做产品折扣，只要适当地运用一些让利方法，给予客户一定的优惠，就能让销售工作变得更顺利。特别是当销售员对某些产品的第一次报价较高时，可以在接下来的销售工作中适当地给予客户一些“小优惠”，来平衡客户的心理。

但销售员在报价时还应注意：报价要明确，没有保留，毫不犹豫，提出报价也不必去做说明。其原因是：对方对你的报价一般不会接受，或不会马上接受，必然要进行询问。如果你报价后立即说明，反而使对方意识到，“啊！原来你们关心的是这些问题。”

1. 报价要在合理范围内，不可太高，如果价格不切实际，也会引起客户的抵制情绪。

2. 选择合适的报价时机：首先，客户对产品有充分的了解，其次，客户对产品有强烈的购买热情。

洞悉价格底线，别轻易敲定价格

任何一名销售员都明白，成交量决定了我们的销售业绩，于是，实际的销售中，有些销售员为了留住客户，一旦客户提出产品贵，就轻易动摇，为其降价，结果客户认为销售员让步后的价格依然有水分，于是，他们会再次提出价格，就这样，到最后，结果往往不尽如人意，销售员不是丢了客户，就是丢了利润。

实际上，在具体销售过程中，总是会涉及价格谈判，价格的决定权也并不在我们手里，所以，当我们在未探明客户的价格底线的时候，就不要轻易说定价格，多给自己留余地，才能有还价的空间。

一、报价前先打探出客户的底牌

有一个人讲了他一次讨价还价的经历：当我在印度尼西亚巴厘岛度假的时候，有一次去逛街，看上了一个木雕。

“多少钱？”我问。

“两万卢比。”

“八千！”我说。

“天哪！”小贩用手拍着前额，做出一副要晕倒的样子，然后看着我，“一万五。”

“八千。”我没有表情。

“天哪！”他在原地打了一个转，又转向旁边的摊子，对着那摊子举起手里的木雕喊：“他出八千！天哪！”又对着我说：“最低了，我卖你一万三，结个缘，明天你带朋友来，好不好？”

我笑着耸耸肩，转身走了，因为我口袋里只有九千，就算我出到九千，距离一万三，还是差太远。我才走出去四五步，他在后面大声喊：“一万二，一万二啦！”

我继续走，走到别的摊子上看东西，他还在招手："你来！你来！我们是朋友，对不对？我算你一万，半卖半送！"

我继续走，走出了那摊贩聚集的地方。

突然一个小孩跑来，拉着我，我好奇地跟他走，原来是那摊贩派来的，把我拉回那家店。"好啦！我要休息了，就八千啦！"

现在，每次我看到桌子上摆的这个木雕，就想起那个小贩。我常想，我为什么能那么便宜地买到？

因为我坚持了自己的底线。

我也想，他为什么会卖？想到这里，我又不是那么得意了，因为八千卢比，一定也在他的底线之上，搞不好七千他也卖。

案例中的人因为坚持了自己的底线，以自己满意的价格买到了木雕。这给销售员一个启示，那就是一定要摸清客户的底线。那么，实际销售中，我们应该怎么摸清客户的底线呢？

比如客户想花100元买一条牛仔裤，而你要的价是150元，你可以试着以125元卖给他们。然而，如果他觉得125元也可以，你就把他的商谈底价提高到125元，现在与你的要求只差25元，而不是50元了。

当然，除此之外，你还可以通过提供一种质量较差的产品来判断他们的质量标准。"如果您只付100元，我给你看质量稍微差一点点的牛仔裤行吗？"用这种方法，你或许能让他们承认价格不是他们唯一的考虑，他们确实关心质量。

另外，推荐质量更好的产品，确定他们愿意给出的最高价格。"我们这里还有做工更精细的牛仔裤，而且是今天刚到的新款，但是每件170元。"如果客户对你说的质量更好的牛仔裤感兴趣，你就知道他愿意花更多的钱。

客户有一个期望价，也有一个拒绝价，商谈中销售员不知道他的拒绝价是多少，因为销售员总是考虑他的期望价。如果运用这些技巧，销售员很可能就会摸清客户的拒绝价。

二、不要给对方过多的想象空间

客户问：“你能打多少折扣给我呢？”

销售员：“抱歉，本公司一向规定不打折扣，因为我们的产品在质量上是从不打折扣的，所以也很难在价格上打折扣，如果我们随便打折，那我们公司将名誉扫地。”

客户：“××公司答应如果我们买他们的产品，就给我们九五折，你们为什么不给折扣呢？”

销售员：“据我们所知，给折扣的公司早已把那5%的利润打入售价之中。我们公司绝对不用这种‘羊毛出在羊身上’的办法来讨好客户。我们现在的售价，是最合理的最低售价，您不认为我们是个有信用的诚实的公司吗？”

在这个案例里，销售员就始终不肯松口，面对客户的“刁难”，他抓住公司的声誉做文章，使对方感到公司确实是可以信任的，因为他们宁可冒减少销售的危险，也不干骗人的勾当。在拜访客户过程中，对于销售员报出的价格，客户总是希望能讨价还价，这里，如果我们一味地让步，很容易失去主动地位。对此，我们需要注意的是：

首先，与对方降价，次数不可过多。

通常来说，降价次数不要不要超过2次。而且，谈判前，你最好就要把可能在谈判中出现的价格异议设计好。你不妨告诉对方：“我们是直接和厂家订购，省去了广告费以及进场费用。所以给您的价格也接近最低价了。”把这个道理告诉对方，让对方断掉继续和你讨价还价的空间。

其次，善用后台。

比如你的主管或老板都是你可以借用的“黑脸”——不退让的后台，即使你是可以做主让步的，你都设计一个虚拟的后台，来帮助你扮演黑脸的角色。

最后，要善于利用资源营造自己是为对方着想的氛围。

比如虽然价格是规定死的，你可以以个人名义为对方赠送一些服务或礼品，让对方觉得你也是左右为难，已经尽力帮他在争取获取最大的权益，相信对方也是能够体谅。

总之，销售在很大程度上打的就是一场价格战。在价格谈判中，销售员在未探明客户的价格底线前，一定要坚持自己的立场，不要轻易让步，因为一旦你让步，将会让客户觉得你报价过高而一再压价，这样，你在谈判中就失去了主动的位置，使自己和企业蒙受损失。客户都有一个期望价，也有一个拒绝价。如果我们运用这些技巧，就很可能会摸清客户的拒绝价，从而做出下一步的价格决策。

1.千万不要把你的价格说死，除非你的产品是零售或目录价格。

2.试探客户的底牌，可以巧妙运用第三者策略，比如："我很遗憾不能卖给你这件衣服，我是替朋友代卖的，但就咱们俩说，到底多少钱您买？"

划定价格范围，适时让客户出价

任何销售员都明白，销售业绩和利润都来源于价格，那么，在究竟谁先报价？是由销售员先报价还是由客户先报价？这个问题在销售实践中一直存在争议。

不得不承认，沟通中，谁先报价，谁就容易丧失控制价格的主动权。如果销售员先报价，那么，接下来的谈判和交涉过程只能在这个限定的范围内，客户不可能以比这更高的价格买下你的产品；另外，如果客户对我们的产品以及行业都很熟悉，那么，销售员先报价，很可能引起客户的不满，这就更容易将谈判陷入僵局，销售甚至可能告吹。所以，销售员不妨把报价的权利交给客户。当然，让客户出价，也存在一定风险，我们还需要注意以下两个问题。

一、了解客户的购买情况

有一天，某手机卖场来了一位时髦的年轻女客户：一头彩色头发，服装打扮也甚是另类。销售员对其上下打量了下后，就主动走过去，先进行了一番礼貌地问候，然后，这名销售员出于好奇，就询问客户："你平时爱上网吧？"

客户："是的，你有新款智能手机吗？我就是要买这样的手机。"

销售员："当然有，我们现在推出了几款最新的3G手机，运用QQ、微信聊天很方便。"

客户："那都给我看看吧。"

销售员将柜台上最贵的几款手机都拿给客户，过了一会，客户说："这好像都是今年的最流行手机，每款好像都要三千多，是吗？"

"您果然是个时尚达人，一眼就能看出手机价格，那您更中意哪款？"

最后，这位衣着怪异的客户购买了该卖场最贵的一款时尚手机，甚至连折扣都没要。

这则销售案例中，这位销售员可谓是慧眼看人，问对了问题，面对客户另类的装扮，他便推测客户有爱上网的爱好，于是，他便从这一点入手，不但为客户推荐最贵的智能手机，更让客户自己出价，进而成功地销售出了产品。

这一案例告诉我们，即使是让客户出价，也应了解客户的购买情况，这里的购买情况，包括客户的身份、购买能力以及购买意向等，这些销售员都可以通过客户的外表、言语、表情、动作、眼神等感受出来。

那些购买目的明确，且对所购商品及其相关领域了解甚多的客户，一般有着较为丰富的业内知识，在商品价格的衡量上也有着较为准确的定位，对于这类客户，销售员只需要做足商品介绍，向客户给出一个大致价格，然后让客户出价。一般而言，这类客户的出价都会在合理的范围之内。

有时销售员还会遇到一些购买目的明确，但是对商品的相关领域和知识了解甚少的客户。这类客户常常因为对所购商品不够了解而做出错误的价格定位，因此销售员在面对这样的客户时，就要谨慎使用让对方出价的方式。销售员一定要让客户充分了解商品的具体细节及价格范围之后，再让客户出价，以防止因价格分歧过大而造成销售气氛紧张或销售失败。

二、给客户一个价格范围

一个美丽的女孩走进一家名牌鞋店，在转了几圈后，最后在一双亮丽的红色靴子旁站住了，并仔细地看了起来。这时销售员萧红迎了上来：

萧红："你好，小姐，这双靴子是今年的新款，而且，它的颜色是今年最流行的，也是我们店才进的，是主打产品呢。"

客户："这是皮制的吗？"

萧红："对，这是纯牛皮的。穿起来会非常透气，也很舒适。如果您喜欢可以试穿一下。而且，护理、保养也很方便。"

客户："可是我怎么看也不像纯皮的啊，皮制的靴子怎么会这样呢？"

萧红："这双靴子是纯牛皮的，只不过是做成了漆皮。这种漆皮现在特别流行，特别是搭配一些流行服饰，都会非常漂亮。而且清洁方便，如果靴子脏了，只要用微湿的棉布轻轻擦拭就可以了，既方便又实用。"

客户："哦，是吗？这靴子多少钱？"

萧红："499元。"

客户："那么贵！"

萧红："其实对于一双纯皮的靴子来说，这个价钱还是比较划算的。我看你挺喜欢的，而且应该很适合你。光我说不管用，你先穿上试试效果。如果你觉得效果好我们再商量。"

客户试过商品之后。

萧红："看，你本来就很苗条，穿上这双靴子就更显身材了，走在街上回头率一定很高。"

客户："不过价格有点贵，我有点接受不了。"

萧红："我想你这么时尚的女孩一定知道我们的货都是出口国外的，质量绝对有保障，难得这双靴子又是今年的新款，又这么适合你，如果你穿出去，绝对会有很多女孩羡慕。"

客户："但我还是觉得有点贵……"

萧红："其实这双靴子特别受欢迎，但是因为数量有限，所以我只是推荐给那些穿起来好看的女孩。前不久一个女孩想要400元买下，和我谈了很长时间，我也没卖。那你给出个价，你想多少钱买？"

客户："400元也不卖？"

萧红："对，这个价钱我们进不到的。"

客户："那450元吧，我也不和你讨价还价了。"

萧红："好吧。我帮你装起来……"

情景中的萧红之所以能将产品卖出去，是因为她在让客户报价前就给予一定的价格空间暗示。

无论客户是专业人士还是业外人士，作为销售员都要在销售过程中给客户一个大致的商品价格范围。这种价格范围并不是一些简单的数字范围，而是需要销售员通过向客户介绍商品以及相关领域的情况，将商品划入一个相对稳定的价格圈，并使这种价格圈成为客户衡量商品价格的参考。当客户对商品价格的衡量受到这种价格圈的影响时，大多会出一个相对合理的报价。

在销售过程中，让客户出价是一种销售手段，也是缓解销售紧张局面的方法。销售员让客户先了解到商品大致的价格及质量情况，再让其出价，给其一定的主动权，让买卖双方的关系活跃起来。这时一般明智的客户都能够根据情况给出一个相对合理的价格，销售工作也就能够更为顺利地进行。

销售技巧点睛

1. 对于老客户而言，谁先报价都是可行的。

2. 让客户出价，我们还要看销售的对象，绝不能让客户漫天出价，失去销售主动权。

退一小步、进一大步的价格谈判技巧

销售过程中，经常遇到这种情况：销售员苦口婆心，说尽了产品的好处，但客户始终坚持自己的意见，双方仍然难以商定出一个令双方满意的价格。其实，当价格谈判僵持不下，客户毫不松口的时候，销售员不妨采用迂回的进攻战术，以退为进，以适当的让步留住客户。

一位营销专家曾经说过："谈判并非是一条直线，而是一个圆，销售员处于这个圆上的某一点，我们的目标是到达圆内的另一点。当我们无法朝着一个方向直线前往的时候，我们完全可以转个身，退后几步，从另一个方向跨越障碍到达目的地。"一些销售工作之所以失败，也往往是由于销售员在销售时缺乏变通，不懂得"以退为进"，浪费了不少口舌却得不到客户的认可。因此，当销售员凭借单纯的产品介绍和热情无法赢得客户的青睐时，采用"以退为进"的谈判法往往就能让销售工作快速取胜。

一、洞悉客户的底牌

巴拿马运河最初并不是由美国开凿的。19世纪末，法国有一家公司跟哥伦比亚签订了合同——在巴拿马境内开凿一条连接大西洋与太平洋的运河。主持该工程的总工程师是因开凿苏伊士运河而闻名世界的法国人雷赛布，他自以为对此驾轻就熟，然而巴拿马的环境与苏伊士有很大的差异，工程进度十分缓慢，资金也开始短缺，公司陷入了窘境。

美国早在1880年就想开凿一条连贯两大洋的运河，由于法国抢先一步与哥伦比亚签订了条约，美国极其懊悔。在这种情形下，法国公司的代理人布里略访问了美国，以1亿美元的价码向美国政府兜售巴拿马运河公司。事实上，美国早已对此垂涎三尺，知道法国拟出售公司后更是欣喜若狂。然而，美国却故作姿态，罗斯福指使美国海峡运河委员会提出报告，证明在尼加拉瓜开运河更省钱——在尼加拉瓜开凿运河费用不到 2 亿美元，虽然收购巴拿马运河公司的费用只要 1 亿美元，但加上另外要支付开发运河的费用后，全部支出达2.5亿美元。从支出费用上来看，当然是在尼加拉瓜开凿运河更划算。

布里略看到美国海峡运河委员会提供的这一报告后大吃一惊。如果美国在尼加拉瓜开凿运河，法国岂不是一分钱也收不回来了吗？于是他马上游说美国，表明法国公司愿意削价出售，只要4000万美元就行了。通过这种欲进先退的方法，美国就少花了6000万美元。

罗斯福又故伎重施，他指使国会通过一个法案，规定美国如果能在适当时期与哥伦比亚政府达成协议，就选择巴拿马；否则，美国就选择尼加拉瓜开凿运河。

这样一来，哥伦比亚也坐不住了，哥伦比亚驻华盛顿大使马上找美国国务卿海约翰协商，签订了一项条约，同意以100万美元的价码长期租给美国运河两岸各宽 3 公里的“运河区”，美国需每年另付租金10万美元。

罗斯福成功地运用以退为进这一谋略，轻而易举地就截取了巴拿马运河的开凿和使用权。可见，谈判中，我们不要画地为牢，误以为因为这是谈判，就非得谈不可。其实，离开谈判桌，并不是你不想做成这笔交易，有时候，这反倒是成交的有效手段。

同样，销售活动中的价格谈判也是如此，每个客户心中都有一个理想的成交价格，一般成交的时候，也不会悬殊。如果销售员能把握住客户的这个理想价格，那么，价格谈判将会轻松得多。通常销售员并不容易揣摩或是洞悉客户的价格标准，但是我们可以通过其他的途径来分析获得。如：通过客户周边的人了解客户的购买习惯、擅不擅长还价，在同类产品上的购买状况等。当我们清楚客户心中的价格标准后再采取措施，就能有的放矢，更好地把握退让的“度”，从而更快成交。

二、放眼长远，从大局出发

小王是某建材公司的销售员。一次他同一个房地产公司的采购负责人进行谈判。

小王：“您对于我们的产品还有什么想要了解的吗？”

客户："大致情况我都知道了，你们的产品不错，但是我觉得你们的产品价格还是偏高，如果你能再降些价格，我们可能会认真考虑一下……"

小王："我想对于我们产品的质量您是十分清楚的，您刚才也承认了，我公司的建材产品之所以这样受欢迎，完全得益于产品良好的质量和信誉，我们的产品在业界的声誉已经有很多年了，可以说已经是老字号了，您完全不用担心质量问题，而且我们还会为你们的装修工程提供多种解决方案，从设计方案到材料的各项配置，我们都可以提供全程服务。您觉得这价位合理吗？"

客户："你们的产品和服务的确不错，的确很吸引人，和你们合作自然放心，可实际上，相对于我们的预算，还是有点贵。如果能再优惠一些我会考虑的。"

小王："如果能降，我当然会给您降的，但是，你知道目前各个行业的原材料都在涨价，我们这里自然也不例外，供货商纷纷涨价，我们的利润已经是非常少了。"

客户："但这价位还是贵。"

小王："这样吧，我们都谈了那么久了，总不能让您白跑一趟。我们每件门窗的降价范围即使是老客户也不能超过50元，我给您降50元，怎么样？但是，我们必须先拿到70%的首付，三个月内还清，其他条件不变，你看怎么样？"

客户：哦，行，那就这样吧。

从这个销售情景中，我们明白，在销售过程中，要善于变通，不要一条道走到底，这并不利于成交，我们不妨也退一步，缓解紧张的谈判氛围，减小损失，获得最大的利益。

在销售工作中销售员善于考虑大局，放眼长远，是一个优秀销售员必须具备的基本素质。特别是在对客户采取价格让步时，销售员更要结合长远利益，考虑让步的幅度和尺度是否有利于长远利益的实现。如果销售员只顾眼前利益，就有可能失去更多宝贵的销售机会。

三、把握"退"的尺度

销售员一定要记住：永远也不要做没有利润的交易。如果销售员的让步已经使自己无利润可赚，那么就算成交了也是一种失败，所以"以退为进"并非无条件的让步。销售员在商讨价格时，一定要把握一个"度"，在价格商谈中，每次降价的幅度都不能太大，这样才能使自己始终处在主动地位，从而保证利润。

总之，对销售员来说，让步不是目的，而是最终获得理想利润的手段，有条件的退让，既能够让客户看到诚意，又能保证利润。在销售时，销售员正确运用好这种“以退为进”的谈判法，那么商定价格就不再是个难题。

销售技巧点睛

1. 摸清了底牌，就掌握了价格谈判的主动权。

2. 前期谈判过程中，销售员不宜轻易降价，是因为一方面要争取最大的利润空间，另一方面也可以凸显让步的艰难程度。

3. 处在被动状态时，一定要想办法给自己一个调整的时间和空间。

审时度势，巧言打破价格谈判中的僵局

在销售过程中，当销售员和客户在价格上无法达成统一意见并僵持不下时，就会陷入谈判僵局，此时，如果销售员处理不好，销售工作就有可能无法顺利进行，最终以失败收场。在任何一场销售谈判中，出现谈判僵局都会给销售员造成一定的压力。面对这种压力，每一个销售员都应该学会审时度势，用自己的热情与智慧快速打破谈判僵局，尽快扭转局面，这样销售工作才有可能取得成功。

一、暂时停止谈判，搁置问题

如果谈判已经到了僵持不下、实在无法进行下去的地步，销售员可以暂停谈判，

再约时间。这样把问题先搁置一边，给双方留一定的缓冲时间来重新考虑，稍后重新恢复谈判，这样反而效果更好。但需要注意的是，你一定要保证客户有诚意和你合作，否则终止谈判就等于彻底放弃。如果不确定他是否对这项生意有诚意，那么你不妨一道陪同，促进了解，增进感情，如：陪客户一起吃饭、约客户打球等。

小方作为销售方代表，和客户代表坐在一起关于产品价格问题进行谈判：

小方问："对于价格问题，您对我们提出的这一价格，有什么异议吗？"小方的语气的确不好。

客户代表："你们厂的货我也看过了，质量还行，但是价格问题，我真不敢做主，这样，我回去再和领导商量商量看……"

小方一听愣住了，一时不知道说什么好了，他知道这是客户代表的故意推脱，也意识到自己刚才的话说得有点不对，马上对客户代表说："赵秘书，现在时间不早了，该吃午饭，我们下午再谈。"

就这样，小方将一笔大买卖拉到了酒桌上，很快，赵秘书就签下了订单。

很明显，小方是聪明的，当他和客户代表的谈判陷入僵局时，他很快用吃饭来补偿了自己在言语上的过失，而酒桌本来就是成交生意的场所。

二、可适当让步，以保证合作的进行

一名电脑销售员拜访一位事业单位负责人，经过一段时间的交谈后，负责人表现出了强烈的兴趣，的确也想把单位的一些老式电脑更新一下，但是在价格问题上，负责人却非常坚决。

客户：不行，价格还是很高。况且，我们的电脑还能用，我犯不着花那么多的价钱更换。

销售员：目前的电脑市场竞争非常激烈，我们为了业绩已经降低了售价，给您的价格已经是最低的了，不能再降了。

客户：你们价格那么高，我们需要50台电脑，但是以你们的价格，我们的预算只能买到一半你们的产品……

（谈判陷入了僵局。）

销售员：王先生先来杯茶吧，你喜欢铁观音还是普洱……茶叶可以越陈越好，但是像这种高科技产品可不一样，更新很快。可能您觉得我们的产品有些贵，但是，我们的价格在市场上已经是非常便宜了，这些电脑都是有市场报价的。您是行家，我没必要和你绕弯子，你说呢?

客户：至少每台降200元。

销售员：我们每台电脑的降价幅度是不能超过100元的，说实话，对于那些合作多年的老客户，我们也始终没有超过这个范围。如果您真是想更换单位的电脑的话，我就给您这个价，每台再降100元。就当您是我们的老客户了。您看怎么样?

客户："那好吧。"

案例中，我们看到双方口中的价格差异非常的大，这时候，销售员和客户的谈判陷入了僵局，此时，销售员的聪明之处，就是让客户肯定了产品，从而让生意有继续谈下去的前提。因此，销售员要明白，即使谈判陷入僵局，只要销售还具备这样的前提，销售员就务必要留住客户，如果不肯让步，说出"就这价，你不买算了""要不您上别家买去？"等态度坚决的话，那么生意估计就会失败。所以，在发生谈判僵持不下的僵局时，销售员的态度一定要友好，不能和客户产生冲突，这样才能保证谈判在一个良好的氛围下继续进行。

三、让谈判在和谐的氛围下进行

除了微笑和礼貌以及尊重客户，销售员还不能死板，还需要适时地制造一些幽默话题，幽默是打破沉默、缓解气氛的最有效的润滑剂。当然，制造幽默更是要讲究一定的语言技巧，销售员制造幽默话题并非单纯地讲笑话，而是要和产品以及销售这个本质性的问题挂钩的，殊途同归，幽默的目的其实也是为了达到解决销售中的实质性问题，不然海阔天空的乱侃，销售中的问题还是没解决。那些优秀的销售员大多是在制造幽默中解决问题的，无论是谈论客户感兴趣的话题、有意思的新闻，还是一个有趣的故事，他们总能将其联系到销售工作的本质问题中去，善于用幽默的语言表达自己的观点，委婉地说服客户，在打破谈判僵局的同时，也一并推进了谈判的进展。

的确，一个聪明的销售员，不仅能掌握整个销售活动的主动权，还能排除各种不利于销售的因素，即使谈判出现僵局，也能轻松打破，可以说，以上方法双方都可利用，且成功率均等，关键在于要主动利用和善于利用，这就是谈判中的斗智斗巧。

1. 应让那些引起谈判僵局的人员暂时离开，从而避免谈判进程进一步僵化。

2. 可以先做出让步，然后也请客户做出让步，问题的焦点就实现了转移。

3. 利用一些“补偿措施”来弥补客户在价格上的让步，很多时候客户都乐意接受这种补偿措施。

第14章

实现成交，怎样巧妙促成最终的交易

成交信号，把握交易主动权

作为一名销售员，他的语言沟通能力和观察能力是相辅相成的。那些真正拥有好口才的销售员往往眼光更敏锐，他们总是看透客户的心思，在恰当的时刻提出成交。事实上，一些销售员最终没做成生意并不是因为他们没能有效地说服客户进行购买造成的，很多时候，客户已经做好了购买的决定，可是销售员却没能及时发现他们发出的这些成交信号，结果大好的成交机会就这样被轻易地错过了。

在销售中的任何一个阶段，当客户有意购买时，他们通常都会因为内心的某些疑虑而不能迅速做出成交决定，这就要求销售员必须要在销售过程当中密切注意客户的反应，以便从中准确识别客户发出的成交信号，做到这些可以有效地减少成交失败的可能。及时、准确地利用客户表露出的成交信号捕捉成交机会，必须要靠销售员的认真观察和细心体验，在销售过程中一旦发现成交信号，应及时捕捉，并迅速提出成交要求，否则将很容易错失成交的大好机会。

一、从客户表情中识别成交信号

李威是一家食品公司的销售员，在一次与客户进行销售谈判的过程中，刚开始他发现那位客户一直紧锁着眉头，而且还时不时地针对产品的质量和服务提出一些反对意见。但对客户提出的问题他都一一给予了耐心、细致的回答，同时他还针对市场上同类产品的一些不足强调了他所在公司竞价排名的竞争优势，尤其是针对客户比较关心的售后服务方面强调了自己所在公司的客服上一季度还获得了所在区域代理商前三名的优异成绩。在他向客户一一说明这些情况的时候，他发现客户对他的推荐不再是一副漠不关心的模样，他的眼睛似乎在闪闪发亮，这时，李威知道他的介绍说到了客户的心坎儿上，于是他便趁机递上了合同，走到旁边，心里对这个单也就有七八分的把握了。果然，客户拿起笔签了字。

案例中，销售员李威之所以能顺利销售并成交，主要还是因为他善于观察客户，从客户的表情中识别出了成交信号。的确，生活中，每个人的性格不一，对于是否购买的问题，也并不是所有人都会用语言来表达。此时，作为销售员就应该具备敏锐的观察力，从客户的表情中识别客户的真实想法。

一个人的面部表情可以在某种程度上透露一个人的内心欲望，客户的面部表情同样可以透露其内心的成交欲望，销售员在关注客户的语言信号和行为信号的同时，也要认真观察客户的表情以准确辨别购买意向。比如，当客户的眼神比较集中于你的说明或产品本身时，当客户的嘴角微翘、眼睛发亮显出十分兴奋的表情时，或者当客户渐渐舒展眉头时等，这些表情上的反映都可能是客户发出的成交信号，销售员需要随时关注这些信号，一旦客户通过自己的表情语言透露出成交信号之后，销售员就要及时作出恰当的回应。所以在销售过程中，销售员要认真观察客户表情，从中识别出客户的购买意向。那么客户通常都是如何通过面部表情来表现成交信号的呢?

（1）客户紧皱的眉头逐渐舒展。

（2）客户表现出兴奋的表情，如眼睛发亮、嘴角微微上翘。

（3）客户关注产品本身或是关注销售员的产品说明。

在销售时，销售员一旦发现客户有以上的表情，就要及时做出回应，通过机会进一步拉近与客户之间的关系，例如借机向客户询问需要订购多少产品、希望使用何种方式购买等，从而更快地实现成交。

二、从客户语言中识别成交信号

有个著名网站，一次网站负责人接待了客户代表，他们在接待室谈了两三个小时，在上网查关键词价格的时候，客户代表做的CE认证这个词被点击一次最高19块多，客户代表就问："你们网站点一次怎么这么贵，要19块钱？"

一般我们听到四五块就很高了，19块，确实很高，一般的销售员可能都不知所措了。但这名网站负责人说："恭喜你呀，魏总。价格贵说明效果特别好啊。"然后他笑着问："魏总，你们这个行业是不是做一笔单子利润挺高的啊？"当时该客户也笑了。他们做一笔单子几万到几十万不等，毛利润在30万左右。

在谈判过程中，语言是客户流露内心购买意向最直接的方式。所以除了对客户行为及表情的仔细观察，销售员还要特别注意倾听客户语言，并做出认真分析，准确及时地识别客户语言中的内在含义，抓住其中的成交信号，从而寻找成交时机。

当客户产生购买意向时，通常会通过一些细节性的询问表现内心的购买意向。这些细节主要有：

（1）询问产品某些功能的使用方法。

（2）打听交货时间。

（3）询问产品赠品或附件。

（4）询问产品具体的保养以维护方法。

（5）询问售后服务。

（6）询问产品在客户中的反响。

因为客户不同，产品不同，客户的语言表现也会有所不同。但是当客户已经开始询问以上这些有关产品的实质性问题时，大多已经表明其有了购买意向。这时销售员就需要迅速做出积极的反应，及时回答客户提出的问题，并抓住时机向客户强调产品优势或是进一步拉近产品与客户的距离，从而增加成交机会。

三、从客户行为中识别成交信号

除了面部表情，客户还常常会在举止之间透露出成交信号，所以销售员在销售时还要特别注意客户的行为举止。有时，一些客户会为了压低价格而故意提出反对的异议，销售员通过辨别其行为，就能较为准确地判断出客户的购买动向。通常情况下，客户通过行为表现出的成交信号主要有以下几种：

（1）对产品表示欣赏并不断抚摸。

（2）让自己的朋友或者亲人一起体验产品。

（3）对产品说明书或是宣传册仔细翻阅观看。

（4）对销售员的话很感兴趣或是表示赞同。

（5）在谈判过程中表现出轻松满意的样子。

总之，销售中，当我们发现客户在谈判中表现出以上某些方面的行为时，销售员就要根据具体情况做出适当的回应，使其进一步了解产品，进一步增加其购买欲望，从而实现成交。

1. 当客户向你询问一些比较细致的产品问题时，说明他有成交意向。

2. 客户在谈判过程中表现出轻松满意的样子，说明成交有望。

欲擒故纵，加速成交进程

在中国的历史上，有个“七擒孟获”的故事，讲的是诸葛亮七次生擒孟获并一次次释放，最终感动了孟获。孟获感激诸葛亮七次不杀之恩，表示不再造反。从此，蜀国西南安定，诸葛亮才得以举兵北伐。“欲擒故纵”在销售上同样有效。销售员在做生意时要有远大的眼光，要有大胆的思想，就要学会欲擒故纵。在现实销售中，也有这样欲擒故纵的案例。

第一次世界大战时期，美国有一位叫哈利的大富翁。他15岁时在一个马戏团当童工，主要工作是叫卖柠檬冰水。有一次他在马戏开始前，为每位观众都免费赠送了一包花生米。由于花生米是咸的，一些观众吃后开始口渴起来。就在这时，哈利提着爽口的柠檬冰水挨座叫卖，几乎所有拿过免费花生的观众都买了他的柠檬冰水。就这样，他的柠檬冰水全部卖完了，且还赚回了所投资花生米的本钱。

这则销售故事让我们想到了“欲擒故纵”这个成语。欲擒故纵之所以能实现成交，就是因为抓住了客户想要购买却由于一些原因而左右迟疑、疑虑重重这一心理。

实际销售中，我们可以看到有些销售员急于把商品销售出去，急于把生意做成功，但由于缺乏智谋，缺乏策略，最终“欲速则不达”，无功而返。这时，就需要销售员灵活变通，通过欲擒故纵来达到成交目标。当然，欲擒故纵法成交法有很多种，需要销售员灵活运用和把握。

一、吊胃口，给客户限定思考的时间

美国的一家航空公司要在纽约建立一座规模庞大的航空站，他们找到实力强大的爱迪生电力公司，希望该公司能在电价方面给予优惠。由于是航空公司有求于电力公司，于是电力公司自以为掌握了谈判的主动权，奇货可居，所以态度非常强硬，他们推说如果给航空公司提供优惠电价，公共服务委员会将不予批准，所以他们不敢擅自做出降低电价的决定。

面对谈判中出现的这一难题，航空公司马上做出相应的反击，他们声称，如果电力公司不提供优惠电价，他们只得停止谈判，立即抽调一部分资金，自己建厂发电，这就意味着电力公司将失去一个最大的用户，其经济损失将是不可估量的。

航空公司此言一出，电力公司便慌了神，他们马上改变了原来的傲慢态度，找到公共服务委员会，请求委员会从中说情，表示愿意给予航空公司最大的优惠价格。于是两家公司顺利地达成了协议。

人都是这样，得不到的都是最好的，越显得弥足珍贵。航空公司在这次谈判中之所以能以优惠价格达成协议，就是因为他们抓住了电力公司害怕失去这单生意的心态，然后对其下出了最后通牒，权衡之下，纵使无奈，电力公司也只好答应航空公司的条件。

在给客户体验产品后，可以策略一些，让客户自己对产品感兴趣并在短时间内做出决定。

比如，销售员可以告诉客户：“我看要不今天就到这儿吧，××公司的赵总也等着和我谈这事呢。”这是利用了客户害怕失去的心理，如果他不在一定的时间内做出决定，他将会失去产品。而聪明的客户权衡之后，一般会当机立断，达成交易。

二、虚张声势，打开销路

日本有一家专门生产尿布的公司，开业之初，尽管做了宣传也无人问津。公司经理多川博灵机一动，想出个鬼点子，让自己公司的工人排队去买尿布，长长的队伍吸引了众多的行人，造成了一种抢购气氛，引来了好多“从众型”买主。随着产品的不断销售，人们逐步认识到这种尿布的优越性，销路迅速打开，多川博也成了世界的“尿布大王”。

你可以告诉客户：“最近我们公司的销售额已经达到多少，这一事实证明了我们产品的可信赖度，在这一领域，我可以说，应该是我们的产品做得比较好了，为此，和我们合作公司最近已经明显上升。”当客户听到这样的表述后，自然会认为，如果和其他厂家合作的话，会不会不划算？同样，聪明的客户也会在有效的时间内达成交易。

三、适当地刺激客户

当你发现客户对产品很满意而因为价钱游离不定的时候，你不妨说：“您要是觉得价格贵而不能承受的话，我们这里还有价格稍微低一点的。”当客户听到这样的话的时候，一时兴起，一般都会排除顾虑，买下商品。

可见，作为销售员，要尽快让客户拿定主意成交，有时也需要动一番脑筋，在快达成协议时，不应该一味地去迁就对方，使自己处于一种心理上的弱势地位。而应主动采取点措施，适时说些“硬”话，使对手心弱屈服，从而控制局面，以让局面对自己有利。

销售技巧点睛

1. 要注意语气，不要显得不可一世，这样会激怒客户，而导致生意失败。

2. 要记住，什么时候都不能伤害到客户的自尊。

3. 要不动声色，这样，即使是计谋，也不会被客户察觉，这样，才会更有把握达成交易。

讲究策略，获取客户的成交信息

在销售过程中，无论是买方或者卖方，谁先暴露自己，谁就会在谈判中处于弱势。这就告诉销售员，在与客户成交的过程中，首先，不能暴露自己；其次，不妨故意犯错，然后令客户大意，抓住其“小尾巴”。

事实上，了解客户的意图是销售员何时何地都要做的工作，在成交时，也只有抓住对方内心的真实想法，才能找出应对策略，也才能让谈判朝着自己有利的方向发展。

一、小心试探客户的口风

杰森经营了一家电脑店，这天，来了一位客户。简单交谈以后，杰森说：“先生，我要告诉您，我认为您现在的电脑的配置还是很高的，运行起来应该也很不错吧，您是不是以优惠的价格买到的这台电脑？”

客户：“事实上正是如此。”

杰森：“我敢打赌，这笔交易肯定对您十分有利。”

“是啊，当时是一个老朋友帮我买的，他是这方面的行家，我很信任他，他也是从熟人那里买的，价格比别人便宜很多，可惜前些天他出国了。”

杰森说：“这的确是一笔对您有利的交易。”

“先生，我很高兴您能来访，让我来为您评估一下，您的旧电脑能折价多少钱，如果电脑没有什么人为的损害，性能还和刚开始买的时候没有多大差别的话，我现在就能给您答复，我们马上就能协助您更换新电脑，我们有数量相当可观的产品供您选择。”

杰森约花了15分钟的时间，精细地评估客户的电脑后，打开电脑，检查了很多零部件。

“先生，这真是我所见过的很不错的电脑，和新电脑没什么两样啊。事实上它的内部情况较外观更好。可我有点迷惑，为什么您要更换新电脑呢？您不要误会，难道是这电脑哪里出现问题了吗？但是请您不要误会，我经验尚浅。”

客户：“杰森，让我告诉你实情吧，再过两天，我的女儿就要从英国回来了，这次刚好她生日，她一直想要一台电脑，而我又不怎么用，把我这台旧的给她不好。所以，我希望能换一台新的给她，就当生日礼物。”

显然，这是一件好事，但杰森并未做出任何表示，当然他并不需要这么做。他只是取出计算器，开始进行估价，他的脸上依然带着那得意的微笑。

几分钟过后，杰森将视线移到客户身上，以兴奋的语气告诉他：“先生，我有一个好消息要告诉您，因为您电脑的状况良好，而我们又刚好有电脑可以交货，您今天就可以以500美元换新的电脑了。”

“是吗？那太好了，这可是一大笔钱！”

杰森：“先生，我们已经给您旧电脑1000美元的折价，您的电脑已使用了半年了。”他又看着客户，并且以轻柔的声音表示，“您不可能再得到更公道的价格了。”

客户：“那好吧。”

案例中，电脑销售员杰森之所以有把握客户会在自己出价的情况下答应成交，是由于他探出了客户的口风，知道客户两天后就需要一台新电脑。

二、隐藏好自己，别陷入被动

日本松下电器公司的创始人松下幸之助先生在刚“出道”的时候，曾被对手在无意间探测到底细，因而使他的生意大受损失。

他第一次到东京找批发商谈判的时候，刚一见面，批发商就“友好”地对他说：“我们是第一次打交道啊！以前并没有见过你。”批发商此时的意图就是想探测松下幸之助在生意场上是老手还是新手。松下先生由于当时缺乏经验，恭敬地答道：“我们是第一次合作，我是第一次来东京，什么都不懂，请多多关照。”正是这番极为平常的答复却使批发商获得了重要的信息——对方是个新手。批发商接着问：“你打算以什么价格卖出你的产品？”松下先生如实地告诉对方：“我的产品每件成本是20

元，我准备卖出25元。”

批发商了解到松下在东京人地生疏，知道了松下的产品的成本，而且松下又暴露出了急于要使自己的产品打开销路的心理，因此趁机杀价：“你首次来东京做生意，刚开张，应该想到的是如何把你的产品先推向市场，而不是想到要从中盈利。而且我们第一次合作，还不知道你的产品质量是否有保证，如果第一次合作成功，我们将很有可能成为长期合作的伙伴。每件20元如何？算是我帮你做广告吧！”结果没有经验的松下在此次交易中吃了亏。

究其原因，是那位老练的批发商通过接触松下，从松下的言语中知道了松下的底细。松下在这一次的谈判中，没有保护好自己的信息，使得对方掌握了主动权，造成自己的被动与失利。如果松下当时不那么毫无戒备地把自己的底细都让对方知晓，也不会这样被动，最终无利可图。

当然，隐藏自己，就是不要暴露自己，需要销售员在与对方接触的时候，注意自己的言行，不要轻易外露。

为此，在说话时，你要保持公正客观的态度。如果对方发现你说话时带有某些情绪色彩，那么，就很容易被对方识破。因为一般来说，你探知对方的企图越明显，他越会觉得你“图谋不轨”；相反，如果你无意中说一句话，假装不在意地提问，他反而会没有心理阻抗，他也不会认真地琢磨你说的话，因为他觉得你没有操纵他的意图，如果他的想法被你猜中，那么，他将会“中招”，将自己的真实意图脱口而出。

销售技巧点睛

1. 故意犯错不能违背诚信的原则，这是一种语言技巧，而不是不切实际的欺骗。

2. 对于那些疑心重重且表现得十分精明的客户，我们要善用这一方法，否则，极有可能适得其反。

以利引导，适时铺展“成交言语”

任何一个参与销售工作的人都知道，能否真正打动客户的心，是能否成功销售的关键因素。在这个现实社会中，每个人都有自己内心的需求，而对于大部分客户来说，他们都希望购买到性价比高的产品。因此，在实现成交阶段，根据对方所需，展示令人垂涎的利益，就能让客户心服口服。

在一些大的商业谈判中，我们经常可以看到这样的场景：此时，作为卖方代表，他会把自己的产品讲得天花乱坠，尽量抬高自己产品的身价，报价要尽量高；而买主也不是“吃素”的，他明白如何在鸡蛋里挑骨头，从不同的角度指出产品的不足之处，从而将还价至少压低到对方出价的一半。最后，双方都会找出无数条理由来支持自己的报价，最后谈判在无奈情况下成为僵局。如果不是僵局，那么通常是一方做出了一定的让步，或双方经过漫长的多个回合，各自都进行了让步，从而达成了一个中间价。这样的谈判方式，也是常见的。

但是，如果你也坚持这样的谈判方式，往往会使谈判陷入一种误区。这种传统的坚持立场而非利益的谈判方式常常会导致谈判双方不欢而散，以至破坏了双方今后的进一步合作机会。

此时，你就应该抓住对方的心理，抛开争议不谈，而从对方所渴求的利益说起，或许会收到截然不同的效果。

一、当价格成为成交障碍时

一天，某商场电器专区来了一位年轻的小姐，转悠半天后，她的脚步停在了一款小型冰箱的面前。

销售员：“小姐，请问我有什么可以为您服务的？”

客户：“听说，你们在小型冰箱这一块做得不错。”

销售员：“是的，请问您是想买冰箱吗？”

客户：“我随便看看。”

销售员：“哦，那你看看这款冰箱吧，这是我们今年刚从国外引进的冰箱，无论是家居还是车载，都很方便。”

客户：“进口的？那一定很贵吧？”

销售员：“这是德国××品牌旗下最有名得产品，售价是2500元。”

客户：“不是吧，这么贵，这种小型车载冰箱，一般最多卖到一千元，网上也只卖几百元，我刚刚也看过几款，最高的也没超过1500元的。”

销售员：“您看的质量怎么能和这种国际品牌比呢？一分钱一分货。”

这位妇人一听，头也不回地离开了。

这则案例中，我们可以看出，原本这位客户对该品牌的小型冰箱很感兴趣，但最终却选择离开，这是为什么呢？愿意很简单，客户称产品贵，这名销售员不但没有进行挽留，反倒说：“您看的质量怎么能和这种国际品牌比呢？一分钱一分货。”这样说，不仅否定了客户的眼光和欣赏水准，还贬低了竞争对手的产品，让客户觉得这位销售员素质不足，自然会选择离开。

任何一位客户在购买产品的时候，都会从价格上对产品进行对比，此时，如果我们采取诸如“那您去买便宜的吧”“那家东西质量不行”之类的消极方式回应，就会让客户放弃购买。那么，面对这种情况，我们该如何应付呢？

你可以告知客户：不是所有的产品都是货真价实的，现在假货泛滥，要小心被欺骗。你还可以，帮助客户分析出其他地方便宜的原因。

当然，你在分析的时候，不要有任何诋毁的含义。你可以从以下几个方面帮客户分析：

质量上，你可以说：“我××（亲戚或朋友）上周在他们那里买了××，没用几天就坏了，又没有人进行维修，找过去态度不好……”，客户听完，也就能明白为什么别的地方的产品便宜了。

服务上，你可以告知客户：“××先生，对方的确比我们这里便宜一点，但是我们这里的服务好，可以帮忙进行××，可以提供××，您在别的地方购买，没有这么多服务项目，您还得自己花钱请人来做，这样既耽误您的时间，又没有节省钱，还是我们这里比较恰当。”

价格上，你可以先承认对方的确便宜一点，但是这价格差异并不是很大，购买放心产品才是最重要的。

二、当产品效用成为成交阻碍时

客户：我觉得你们的设备挺符合我们的要求，只是这质量方面，我还是有点担心。因此，我觉得有些贵。

销售员：这个您完全可以放心，国家质检部门已经做过多次检验了，我们所有的设备合格率是90%以上，而且这型号的设备质量比其他的都好，它的合格率达到了95%，而其他公司的产品才85%。

客户：是吗?

销售员：是的，您看，这是产品相关的质量合格证、质检部门的检测报告……

客户：是这样啊。

销售方领导：目前这款设备已经在全国20多个城市销售了100多万台，重要的是直到现在我们仍然没有接到任何关于这款设备的退货要求。所以，你大可放心。

这里，销售方领导正是因为抓住了客户担心产品质量的心理，从事实出发，从而打消了客户的这种想法，最终让客户觉得购买该产品物有所值。

每个客户都希望自己购买的产品物有所值甚至是物超所值，所以，他们会对产品的价格产生质疑，对于这种情况，销售员可以这样帮助客户分析：

（1）应从长远的角度看产品。

你要让客户明白，他的这种购买决策是很英明的投资行为，本身来说，做出购买决策就属于投资，而既然是投资，就要把眼光放长远一点，而不能局限于现在，产品是否购买得物有所值也不是购买的瞬间能感受到的，而只有在使用的过程中才能感受到。

（2）反问客户，让客户坚信自己是明智的。

你可以这样反问客户：您是位眼光独到的人，您现在难道怀疑自己了？您的决定是英明的，您不信任我没有关系，您也不相信自己吗？

总之，客户最关心的永远是利益问题，针对客户的不同心理进行引导，才能让客户产生及时购买的欲望。

1. 注意自己的说话态度和表达方式，不要因为客户的预算不够而中伤客户，更不能伤害客户的自尊。

2. 要耐得住性子。很多客户在最终购买前，总会有很多问题，当我们为客户逐一解决这些问题后，生意也就做成了，千万不能心急。

与客为友，打造忠实的客源队伍

我们生活中的每一个人，在不同场合下都在扮演不同的角色，此刻的你是名销售员，但在生活中你也是消费者，你也想购买到称心如意的产品。但我们的客户，何尝不是这样想？如果我们为了短期的销售业绩，给客户推荐最贵的产品，诱导客户购买大大超出需求或用不着的产品，却不管产品是否符合客户特点，那么最终只能被客户埋怨，甚至还会断送了今后的客源和财路。

所以每一个销售员都应该清楚：对每一个客户都应该真诚建议，让客户信任你，只有推荐最适合客户的产品，才能令他们真正满意，才能让客户成为你的朋友，才会成为你最忠实的客源。

一、考虑客户的需求，重视客户的利益

一家高档男装店来了两位客户，可能是要出席某种场合，他们称要要买一套最高档的西装。销售员马上把一套西装取下来，十分和气地把衣服递了过去。试衣服的客户身材很瘦小，西装穿上有些显大，连普通人都觉得不合适。可销售员却不断地说："不错，真合适！"只见两位客户交换了一下眼神，试衣服的客户把衣服放下就走了。

一心只想把衣服销售出去而不顾及客户的需求，结果适得其反。

销售虽说卖的是产品，但更是说服客户，好的口才不是要销售员说不合乎事实的话，而是要掌握正确的原则，抓住客户的切身利益展开说服工作，即"站在别人的角度，说自己的话。"

没有哪个销售员会放弃高利润的生意，于是，一遇到财大气粗的客户，很多销售员就认为财神爷来了，就会乐呵呵地宰上一把，把最贵、最好的产品都推荐给客户："当然是这种价格高的质量好了，一分价钱一分货嘛，价格贵，自然做工精细，技术含量高。这才是整个公司的重头戏，那些价格便宜的还不是为了搭配这些质量上乘的产品卖的。"而那些真正优秀的销售员则会告诉客户如何选择适合自己的产品。要成为一名出色的销售员，先要做一个有道德的人。

二、站在客户的立场上，提供真诚的建议

客户："我觉得那套黑色真皮沙发看起来比较大方，而且我一直比较喜欢皮质的东西……"

销售员："请问您家的客厅有多少平方米？"

客户："我家客厅有30平方米，应该能放得下。"

销售员："您看一下这款沙发的宽度，放在30平方米的客厅里会不会显得剩余的空间太狭窄了，其实主要是我们这里这个展厅比较大，很多人一进来就相中了它，实际上那套小巧玲珑的沙发更适合年轻人的特点，而且价格也比刚才那套实惠很多。"

客户："你说得对，我还是买这套小一点的吧。"

案例中的销售员就是个优秀的销售员，虽说给客户推荐贵的家具所获利润更多，

但是从客户角度考虑，他还是为客户推荐了适合客户的较小的沙发，实在难能可贵。这样的销售员不愁生意不好，因为他能为客户着想，客户感受到切身利益被人关心后，自然会把销售员当成朋友，或许下次客户来购买产品的时候，就直接找这位销售员了。

对于客户对自己的需求比较模糊和不准确时，销售员要站在客户的立场上提供真诚而合适的建议。如果客户认为自己需要的某些产品或服务并不适合他们，而他们先前不看好的产品才真正可以满足其需求，这时销售员就应该根据客户实际需求在沟通中认真加以分析，然后提出最符合客户需求的建议。

销售技巧点睛

1. 把客户当朋友，就要本着为朋友考虑的心态销售产品。

2. 与客户站到同一个立场上去，并从客户的角度出发去思考问题，才能消除客户的抗拒心理。

参考文献

[1]盛乐.销售与口才知识全集[M].北京：北京工业大学出版社，2010.

[2]袁依平.时光文库104：销售金口才[M].上海：立信会计出版社有限公司，2012.

[3]王宝玲.销售口才实战特训[M].北京：人民邮电出版社，2013.

[4]王宏.每天一堂销售口才课[M].北京：机械工业出版社，2013.